AF248460

RAPPORT

ET

PROJETS DE RÈGLEMENTS

POUR LES

ORPHELINATS & OUVROIRS

ANNEXÉS AUX HOPITAUX, HOSPICES & BUREAUX DE BIENFAISANCE

au nom d'une Commission composée de :

Mmes Francillon, Kergomard, Toussaint et MM. Bouquet, Jacoulet, Morgand,

Napias, Payelle, Sabatier.

PAR

M. le Dr HENRI NAPIAS,

Inspecteur général de l'Assistance publique.

RAPPORT

ET

PROJETS DE RÈGLEMENTS

POUR LES

ORPHELINATS ET OUVROIRS

Monsieur le Ministre,

Le 18 octobre 1894 l'un de vos prédécesseurs instituait, sur la proposition de M. le directeur de l'assistance et de l'hygiène publiques, une commission spéciale pour étudier les modifications qu'il conviendrait d'apporter aux règlements des orphelinats et ouvroirs.

« Les rapports des inspecteurs généraux, disait M. le directeur, ont à diverses reprises attiré l'attention de votre administration sur la tenue des orphelinats et ouvroirs annexés aux hôpitaux, hospices et bureaux de bienfaisance.

« Il résulte de ces rapports que le bon vouloir des commissions administratives n'est pas toujours suffisamment éclairé sur le fonctionnement normal des orphelinats et ouvroirs et que les enfants qui y sont admis ne sont pas mis en état, autant qu'il est désirable et qu'il serait juste, de gagner leur vie quand ils en sont sortis. Il arrive que le personnel auquel les commissions administratives ont confié l'éducation des garçons et des filles recueillis dans ces établissements ne se rende pas toujours bien compte des nécessités pratiques avec lesquelles les enfants seront aux prises, dans un monde où ce personnel ne fréquente pas. On ne s'occupe pas toujours de leur faire apprendre un métier complet qui les affranchisse, en n'en faisant pas, par une spécialisation excessive, les rouages inintelligents d'une manufacture.

« On ne s'applique pas toujours à leur constituer, à leur sortie, un trousseau et un petit pécule. Enfin les sociétés de patronage, qui seraient le complément naturel des orphelinats, n'existent qu'auprès d'un petit nombre de ces établissements.

« Les règlements particuliers des hôpitaux, hospices et bureaux de bienfaisance sont peu explicites sur le fonctionnement de ces œuvres annexes et il est juste d'ajouter que le *Projet de règlement*, recommandé aux administrations charitables par la circulaire ministérielle du 31 janvier 1840 est, sur ce point, très incomplet.

« En outre un certain nombre de ces établissements, sous les noms d'orphelinat ou d'ouvroir, ne sont autre chose que des écoles; et l'on comprend difficilement que l'on maintienne des écoles dans des établissements publics qui devraient être réservés à l'objet de leur institution, alors que la loi a rendu obligatoire et mis à la portée de tous l'instruction primaire.

« Les faits nombreux qui se retrouvent dans les rapports de l'inspection générale me font penser qu'il serait utile d'aider dans leur tâche les commissions administratives par la rédaction d'un *Règlement modèle* applicable aux orphelinats et ouvroirs et qui serait porté à leur connaissance par voie de circulaire.

« Un règlement ainsi étudié, en vue de donner à l'assistance des enfants admis dans les orphelinats et ouvroirs un caractère tout à fait pratique ne pourrait pas, sans doute, être imposé aux établissements privés où se rencontrent les mêmes insuffisances dans l'éducation des orphelins. Mais l'administration est fondée à croire que ceux de ces établissements qui font de l'assistance réelle, à l'abri de tout soupçon de spéculation ou de mercantilisme accepteraient volontiers d'être conseillés et guidés par un règlement, comme ils accepteront les conseils d'une inspection faite dans des conditions qui sont étudiées, en ce moment même, par le Conseil supérieur de l'assistance publique. »

En adoptant les vues de M. le directeur de l'assistance et de l'hygiène publiques, monsieur le président du conseil, ministre de l'intérieur a composé la commission de la manière suivante :

Mesdames : FRANÇILLON, *inspectrice générale des services de l'enfance;* KERGOMARD, *inspectrice générale des écoles maternelles;* TOUSSAINT, *secrétaire générale des écoles professionnelles; Elisa Lemonnier.*

Messieurs : NAPIAS et SABATIER, *inspecteurs généraux de l'assistance publique;* JACOULET, *inspecteur général de l'enseignement primaire;* BOUQUET *directeur au ministère du commerce et de l'industrie;* PAYELLE *et* MORGAND, *chefs de bureau au ministère de l'intérieur.*

M. le Dr H. Napias était en même temps désigné pour présider cette commission à laquelle étaient attachés comme secrétaires avec voix consultative MM. Désiré GIRAUD, *secrétaire général du Conseil supérieur de l'assistance publique* et LANGLOIS DE NEUVILLE, *secrétaire du comité des inspecteurs généraux.*

Cette commission s'est réunie les 20 et 30 novembre, 4 décembre 1894, et 23 octobre 1895. Elle a élaboré un règlement général, complété par des indications détaillées pour permettre aux établissements de faire leur règlement d'ordre intérieur. Et, en même temps, pour se rendre compte du nombre d'établissements auquel cela pourrait être rendu d'abord applicable, elle a demandé qu'une enquête fut faite dans les départements, enquête qui fut ordonnée par M. le ministre et assez rapidement conduite par les préfets.

Mise en possession des résultats de cette enquête la commission a pu terminer son travail; — elle vient aujourd'hui vous en rendre compte dans ce rapport que j'ai l'honneur de vous présenter en son nom.

I

Ce n'est pas la première fois, Monsieur le ministre, que l'attention de l'administration supérieure est attirée sur les orphelinats et établissements similaires. Leurs modes de création, de fonctionnement, de recrutement; leurs ressources; leur absence de surveillance très regrettable, sont des questions qui ont déjà préoccupé soit les législateurs, soit les administrateurs. En 1881 le Sénat, examinant un projet de loi ayant pour objet la protection des enfants abandonnés, délaissés ou maltraités, constatait la nécessité d'une enquête générale sur les établissements de charité, sur les œuvres de l'assistance libre, collective ou individuelle appliquée à l'enfance et les résultats de cette enquête, qui se trouva malgré tout incomplète, forment un gros volume de près de 700 pages qui s'ouvre par un remarquable rapport de M. le Dr Théophile Roussel.

Constatons d'abord qu'il n'est pas très aisé de définir un orphelinat car, légalement, les orphelins sont à la charge des départements et rentrent dans le cadre des enfants assistés; si bien que les établissements qui sont connus sous le nom d'*orphelinats* ne contiennent pas, généralement, des orphelins mais des enfants qui sont, si l'on peut dire, *demi-orphelins*, ayant

6

perdu un de leurs parents seulement; ou encore des enfants délaissés ou moralement abandonnés; ou des enfants de familles indigentes; ou même (et cela est fréquent dans les établissements privés) des enfants dont les familles, sans être aisées, peuvent payer pour l'éducation primaire et pour une éducation professionnelle sommaire une petite somme annuelle.

Qu'on ouvre au hasard le manuel des œuvres à l'article orphelinat et l'on verra combien peu s'affirment comme entièrement gratuits. La plupart demandent pour recevoir un enfant de 2 à 300 francs par an, un certain nombre seulement 150 à 200 francs, quelques-uns 400 francs, sans parler de droits d'entrée et d'un trousseau. Beaucoup parmi les orphelinats de filles demandent une somme moindre à partir de quatorze, quinze ou seize ans (1) en même temps qu'ils exigent le séjour jusqu'à vingt et un ans.

Il semble d'ailleurs que cette manière de comprendre l'assistance dans les orphelinats soit spéciale sinon à notre pays du moins aux pays catholiques où les orphelinats sont le plus ordinairement aux mains des congrégations. Ce n'est pas une critique que nous entendons faire ici, c'est une simple constatation et nous sommes assurés par divers exemples, par des témoignages que nous avons recueillis en plusieurs reprises que ce n'est pas là une situation irrémédiable; que, dans notre pays, dans les congrégations il se trouve des éléments jeunes qui voudraient qu'on fasse quelques concessions au progrès, qu'on marche un peu avec le siècle, et qui savent et qui disent, si elles se sentent sûres de la discrétion, qu'il n'est pas sans danger de s'immobiliser dans les règles surannées où on les enferme et que les intérêts même qui leur sont le plus chers peuvent se trouver compromis par cette obstination à vivre, à la fin du XIX⁰ siècle, dans les habitudes et les idées du moyen âge.

Nous venons d'ouvrir le *Manuel des œuvres*, qui se publie à Paris, ouvrons pour les comparer les manuels similaires publiés à Londres: le *Charity*

---

(1) Extrait du manuel des œuvres (p. 145, éd. 1894).
« Ivry-sur-Seine (Seine) Sœurs de Saint-Vincent de Paul. — 300 francs par an pour les orphelins avec engagement de rester jusqu'à vingt et un ans, 400 francs par an pour les pensionnaires dont la sortie est facultative. Trousseau à fournir.»
Extrait du manuel des œuvres (p. 183) édition de 1894.
Verdun (Meuse) — Sœurs de Saint-Vincent de Paul.— Rien de fixé pour l'âge d'admission. Sortie à vingt et un ans. 250 francs par an jusqu'à douze ans ; 200 francs de douze à quinze ans; 150 francs de quinze à dix-huit ans; 40 francs d'entrée. — Elles peuvent rester à la maison comme ouvrières moyennant une légère rétribution. — Celles qui sortent à vingt et un ans, si leur conduite a été satisfaisante, reçoivent un trousseau.»
Extrait du manuel des œuvres (p.180) édition de 1894.
« Treveray (Meuse) — Sœurs de Saint-Vincent de Paul. — Admission à tout âge, sortie à vingt et un ans — 200 francs par an jusqu'à seize ans. — Un trousseau ou 50 francs — Lingerie. Spécialité pour les chemises d'hommes.» etc. etc.

Register and Digest, le *Handboock to the Charities of London*, le *Royal Guide to the London Charities.*

Notre *Manuel des œuvres* nous apprend, pour chaque orphelinat, ce qu'il faut payer pour y entrer, les manuels anglais nous disent: l'année de la fondation de l'établissement, les personnes qui l'administrent, le nombre des orphelins assistés, les ressources dont on dispose pour cette assistance et nous pouvons ainsi savoir de suite quelle somme est applicable à chaque assisté (1).

Cette somme est souvent élevée mais elle comprend parfois les frais de patronage, les gratifications données pendant plusieurs années aux enfants sortis; et puis tout se paie dans ces orphelinats anglais, et les médecins, les maîtres, les surveillants et surveillantes, y ont des traitements qui permettent aux administrateurs d'être exigeants sur la régularité et la valeur des services qu'ils rendent. Enfin quand on a sous les yeux les plans de ces établissements, quand on en a surtout visité quelques-uns et qu'on a constaté les conditions de confort réel qui s'y trouvent, la large installation des

---

(1) Prenons quelques exemples :

Infant Orphan Asylum (Londres): — Revenu total (1886) 15.416 livres. — Orphelins recueillis 600 — soit 642 francs de notre monnaie, disponible, pour chaque enfant. Ce chiffre est élevé, mais les enfants recueillis sont des orphelins bourgeois dont les pères étaient officiers, membres du clergé, ou autres gens de « position respectable ».

— Autant à dire du *Sibton Orphans' Home* : — Revenu total 700 livres — orphelins 24 — soit 730 francs par orphelin.

- *Orphan Home* de Leominster : revenu total 603 livres — orphelins 40 — soit 380 francs par enfant.

Williamson Orphan Homes : revenu 669 livres. — Deux maisons, une pour 17 garçons, l'autre pour 24 filles, soit 41 enfants — 408 francs par enfant.

Kingsdown Orphanage : — revenu 1.197 livres — 148 enfants dans 3 maisons — 203 francs par enfant.

Post Office Orphan Home Institution : — revenu 4.127 livres — 130 orphelins — environ 790 francs disponibles pour chaque orphelin.

Bayswater Orphan Asylum : revenu 380 livres — 17 orphelins — 558 francs par orphelin.

Home for Female Orphans : revenu 1.444 livres — 75 orphelins — 481 francs par orphelin.

National Orphan Home : — 1.899 livres de revenu — 88 orphelins — soit 538 francs disponibles pour chaque enfant.

Royal Albert Orphan Asylum : — revenu 4.388 livres — 190 enfants — soit environ 577 francs par enfant.

British Orphan Asylum: — revenu 13.725 livres — nombre des assistés 214 — soit 1.003 francs par enfant, mais c'est un pensionnat spécial aux orphelins des officiers, des littérateurs, des hommes de science, des médecins et chirurgiens, des architectes, des gens de loi, etc., etc.

D'ailleurs certains établissements sont installés avec un luxe et un confort que nos orphelinats ne connaissent pas, cela explique le chiffre élevé de la somme disponible pour chaque enfant. De plus il s'y mêle souvent les dépenses du patronage et par exemple le *Female Orphan Asylum* qui a un revenu de 41.183 livres pour 125 enfants, ce qui représente en apparence 1.347 francs par enfant, donne aux enfants sortis des gratifications pour bons services chez les patrons où ils sont placés. Sur les 3.444 enfants qui ont passé par l'orphelinat depuis sa fondation 3.067 ont été placés par lui, 251 sont morts pendant leur séjour dans la maison, 1 y est employé, 125 y sont encore et 1.169 ont reçu des gratifications plus ou moins importantes, pour bons services.

8

dortoirs, réfectoires, piscines de natation, etc., on s'explique la dépense
qu'on trouvait d'abord exagérée. C'est une façon à laquelle nous ne sommes
point accoutumés de comprendre la bienfaisance que de vouloir donner
à ceux qu'on assiste l'hygiène et le confort, les moyens d'assurer le développement physique par l'installation de vastes champs de jeux et d'exercices.

Disons enfin que ces orphelinats anglais font une dépense assez sérieuse
de publication en ce sens qu'ils donnent à leurs comptes rendus annuels
des proportions qui dépassent celles d'une brochure et atteignent au besoin
celles d'un petit volume.

C'est une bonne habitude que celle de ces publications. Elle tend à s'introduire chez nous et beaucoup de belles œuvres privées telles que par
exemple *l'orphelinat de la Seine, le refuge israélite de Plessis-Piquet, l'œuvre
du sauvetage de l'enfance, l'œuvre des hospices marins, l'école ménagère de
Chaumont, l'orphelinat protestant de Castres, l'orphelinat de la bijouterie*
et d'autres trop nombreux pour qu'on les cite ici et qui pourtant consti-
tuent l'exception parmi les œuvres destinées à l'enfance sont entrés
dans cette voie. Ces œuvres publient leurs budgets et comptes, montrant
ainsi une fois de plus combien M. le sénateur Th. Roussel avait raison
de dire dans son rapport que les bonnes œuvres réelles ne redoutent pas le
contrôle, qu'elles le demandent au contraire et s'en réjouissent parce
qu'elles n'ont rien à y perdre et beaucoup à y gagner.

Quand on a en mains les comptes rendus des principaux orphelinats anglais, on est frappé de la préoccupation qu'ont les administrateurs de renseigner les souscripteurs et le public sur tout ce qu'ils peuvent avoir intérêt
à connaître; ils y déclarent souvent qu'ils demandent au public de les venir
inspecter; ils disent non seulement le nombre d'enfants qu'ils reçoivent
mais les noms de ces enfants à chacun desquels ils consacrent une courte
notice indiquant leur âge, leur lieu de naissance, la situation occupée par
leurs parents défunts, les notes que leur travail a mérité, le nombre de
ceux qui ont passé par l'orphelinat depuis sa fondation, ce qu'ils sont devenus, etc., etc. On y trouve des comptes détaillés en recettes et dépenses,
comptes qu'on a le soin de faire vérifier par des gens compétents, vérifica-
teurs dûment qualifiés et qui certifient leur inspection spéciale des finances de l'établissement. On y donne les notes des inspecteurs des écoles. On
y indique le régime alimentaire journalier et les quantités allouées par
semaine, etc.. Souvent les comptes rendus sont illustrés de dessins et plus
souvent de photographies des classes, cours, préaux, réfectoires, chapelle,
dortoirs, piscine de natation, qui ont la sincérité de l'instantané et qui nous

montrent les enfants à leurs travaux, à leurs jeux, ou au bain dans une complète nudité dont la chasteté anglaise ne semble pas choquée.

Nous ne voudrions pas pourtant qu'on vit là un éloge sans réserve de l'assistance privée en Angleterre; elle est sans doute puissante puisqu'elle fait (notamment pour les soins à donner aux malades dans la ville de Londres), la moitié de ce qui est nécessaire et qu'elle ne laisse que la moitié à la charge de l'assistance publique (1) mais, malgré son activité admirable elle est loin d'être suffisante. Nous y trouvons seulement quelques exemples dignes d'être retenus et dont peuvent faire leur profit soit notre assistance privée soit même notre assistance publique.

Ajoutons que ce n'est pas seulement en Angleterre que nous trouverions d'utiles enseignements sur les orphelinats et des exemples d'établissements où les enfants ne sont pas exploités, où leur assistance est une charge réelle pour ceux qui les assistent, où les comptes sont bien tenus et rendus publics, etc. Les exemples ne manqueraient pas non plus en Suisse ou en Allemagne, ou en Hollande, etc. (2).

Le soin que mettent beaucoup de ces orphelinats à suivre les enfants qui les quittent et à renseigner le public sur la situatoin qu'ils ont pu acquérir grâce à l'assistance intelligente qui leur a été donnée, ne se rencontre pas seulement en Angleterre. L'orphelinat Bourgeois d'Amsterdam, dans son compte rendu de 1880 donnait les résultats d'une enquête faite avec un grand soin et qui portait sur les vingt dernières années; il résultait de cette enquête que sur le nombre total des enfants qui, pendant ce temps, avaient passé par la maison, 14 p. 100 étaient morts, 23 p. 100 étaient disparus ou avaient pu échapper à l'enquête. Sur ceux que l'enquête avait pu toucher

---

(1) Il y a, à Londres, 10.000 lits hospitaliers dans les infirmeries de Workhouses c'est-à-dire 10.000 lits à la disposition de l'assistance publique proprement dite. Les hôpitaux privés ont, au total, 10.216 lits, soit un total de 20.216 lits. Eh bien ce total est loin d'atteindre celui de Paris qui est d'environ 26.000 lits; et pour établir une comparaison équitable entre Paris et Londres il ne faudrait pas tenir compte des 450 lits de convalescents des hôpitaux de Londres ou ajouter au total de Paris les 1.500 lits de convalescents de Vincennes et du Vésinet et les lits des importants asiles-ouvroirs fondés par le Conseil municipal. De plus les hôpitaux étrangers de Londres ont chez nous des équivalents dont il faut tenir compte et qui ne figurent pas dans notre total de 26.000 lits. Enfin, il faut se souvenir que si Paris a plus de lits hospitaliers que Londres il a aussi une population moindre d'un tiers et qu'il est ainsi beaucoup mieux pourvu. Peut-être cela tient-il à ce qu'on compte plus à Londres qu'à Paris sur l'initiative privée qui, malgré l'activité féconde qu'elle a en Angleterre ne saurait remplacer l'assistance publique.

(2) Nous avons sous les yeux le compte rendu d'un intéressant orphelinat du canton de Neuchatel (Orphelinat Borel) et nous constatons que d'après le compte très bien fait qui l'accompagne, chaque orphelin coûte 405 francs par an. Il y a 79 enfants dont une partie est mise en apprentissage, une autre travaille à une ferme. Tous reçoivent une instruction convenable. Une caisse de secours permet un patronage non seulement moral, mais matériel pour les enfants sortis de l'orphelinat.

85 p. 100 avaient réussi convenablement, 11 p. 100 passablement, 4 p. 100 avaient mal tourné (1).

D'ailleurs il faut bien dire que le plus souvent dans les orphelinats de l'étranger que nous avons visités ou dont nous avons étudié le fonctionnement il y a surtout des orphelins, tandis que beaucoup de nos œuvres privées dits orphelinats sont de petits *pensionnats* à bas prix où les parents paient une petite somme, et les enfants le complément par leur travail.

Peut-on appeler ces œuvres des orphelinats? D'ailleurs beaucoup de ces établissements ne prennent pas ce titre et c'est ainsi que l'enquête sénatoriale avait très justement porté sur « tous les établissements publics ou « privés, laïques ou congréganistes, qui sous les noms d'orphelinat, refuge, « ouvroir, maison de la Providence, du Bon Pasteur, de la Miséricorde, « etc. , reçoivent et élèvent des *orphelins mineurs, abandonnés ou indi-* « *gents.»*

L'enquête de 1881 a constaté l'existence de 1.110 associations, ouvroirs, ou établissements de charité se consacrant à la garde et à l'éducation de l'enfance et sur ce nombre on comptait 210 établissements publics, la plupart hospitaliers, qui sous les dénominations d'orphelinat ou d'asile de l'hôpital, de l'hospice, d'asile ou d'ouvroir du bureau de bienfaisance relevaient des commissions administratives. Ce chiffre de 210 devait être comme nous le verrons tout à l'heure à peu près exact mais il ne tenait pas compte, pas plus d'ailleurs que celui que nous donnerons plus loin après une enquête plus récente, d'établissements nombreux: ouvroirs ou orphelinats, annexés indûment à des bureaux de bienfaisance, vivant dans des locaux administratifs et constituant pourtant des œuvres privées tout à fait indépendantes des commissions administratives de qui elles acceptent ou réclament tout, sauf le contrôle.

L'enquête sénatoriale comptait en 1881, 713 établissements appartenant à des associations ou à des particuliers et sur ce nombre 100 étaient laïques et 613 congréganistes. Le nombre des établissements consacrés aux filles se montrait bien supérieur à celui des établissements consacrés aux garçons. Il y avait en effet au moment de cette enquête, sur 713 établissements privés, 130 orphelinats de garçons et 535 orphelinats de filles soit seulement 1/5 pour les garçons. L'enquête aurait pu permettre à son éminent rapporteur de faire cette remarque qui peut-être lui a échappé

---

(1) La liste complète des orphelins sortis depuis 20 ans est curieuse à consulter. Il s'y trouve des ouvriers de toutes professions, des missionnaires, des officiers, des capitaines de navire, des directeurs d'hospice et aussi des domestiques, des soldats, des manœuvres, etc.

c'est que la plupart des établissements pour garçons sont de simples internats primaires et que les enfants les quittent à treize ans, n'y ayant passé que le temps d'être soustraits aux écoles primaires municipales et de faire leur première communion. Après quoi, et sauf dans le cas d'orphelinats agricoles les enfants sont mis dehors comme improductifs de travail.

Cette situation est intéressante; elle marque d'un trait lumineux le caractère de beaucoup d'orphelinats. Nous savons après cela pourquoi il n'y a pas assez d'orphelinats de garçons, et nous invoquons sur ce point le témoignage du père Joseph qui, en 1886, dans une session de la société des agriculteurs de France, faisait remarquer que les agriculteurs se plaignent surtout du manque de bras et qu'ils devraient s'attacher à recruter le personnel qui leur manque en recueillant les enfants abandonnés. Il y a en France, disait-il, 600 orphelinats dont 90 seulement de garçons, comprenant 3.266 enfants, et cinq seulement de ces orphelinats sont agricoles. — Ces chiffres diffèrent notablement de ceux que l'enquête de 1881 avait établis; mais sans s'arrêter à une différence, en somme légère, il faut retenir ce que disait alors le père Joseph : que la jeune fille est plus facile à élever parce qu'elle gagne à partir de sept à huit ans tandis que le garçon coûte jusqu'à quinze ans. Au surplus le père Joseph concluait en proposant la création d'un orphelinat agricole par département ce qui était une idée très digne d'être écoutée.

L'enquête du 1881 constatait que la plupart du temps les établissements qui recueillent des enfants portent le nom d'orphelinats bien que nous ayons dit que les vrais orphelins y soient à l'état d'exception, sauf dans un certain nombre d'établissements hospitaliers où il existe des fondations spéciales anciennes.

Les orphelinats privés sont surtout des œuvres modernes et il semble que trop souvent ils aient été créés en vue d'avoir dans un but industriel, la main-d'œuvre à bon marché. Aussi est-ce dans les grands centres qu'ils sont le plus nombreux et c'est depuis le grand mouvement industriel qui caractérise le XIX⁰ siècle qu'ils se sont multipliés.

La plupart des orphelinats n'ont aucune situation légale. L'enquête sénatoriale constatait que sur 914 établissements qui avaient répondu à la question qui leur était faite sur leur situation légale, 103 étaient reconnus d'utilité publique. 292 étaient autorisés, 519 n'avaient qu'une situation tolérée ou même ignorée. M. Th. Roussel s'est attaché, dans son remarquable rapport, à montrer ce que cet état de choses a de fâcheux et quelle nécessité il y aurait à exiger l'autorisation préalable et à faire régulièrement l'inspection de ces établissements.

D'ailleurs on ne songe plus aujourd'hui comme en 1882 à demander une autorisation, mais une simple déclaration et c'est précisément une question dont le Conseil supérieur de l'assistance publique est actuellement saisi.

M. Th. Roussel fait remarquer que si un très grand nombre d'orphelinats restent privés de toute constitution légale, cela tient d'une part à l'amour d'une liberté sans contrôle de la part des chefs d'établissements et d'autre part à la tolérance impassible de l'autorité. Sans doute l'inspecteur primaire visite les écoles de ces orphelinats, non toutefois d'une façon très régulière, et il peut arriver même qu'il ignore l'existence de ces écoles ou qu'il oublie de s'y rendre. L'inspecteur du travail des enfants y pénètre souvent aussi ; mais il ne s'occupe que de la durée du travail et de sa prolongation illégale pendant le temps réservé au sommeil ; enfin, l'inspecteur des enfants assistés y va quelquefois s'il y a là des pupilles de son service ; mais le plus ordinairement on lui amène les pupilles au parloir, il ne visite pas l'établissement tout entier sauf dans certains départements, comme la Seine-Inférieure, où l'autorité préfectorale a su organiser une inspection spéciale.

Tous les abus restent possibles le contrôle étant insuffisant, et les conditions d'hygiène, de salubrité, de confort, sont en tous cas très souvent défectueuses.

Nous avons vu dans certains orphelinats des lits composés d'une simple paillasse avec un drap et une couverture ou même une couverture, sans draps ; des lavabos rudimentaires ou nuls ; une alimentation insuffisante qui expliquait le teint hâve et anémique des pensionnaires.

Sur 1.110 établissements qui figurent dans les relevés de l'enquête sénatoriale, 840 seulement faisaient connaître le nombre des mineurs recueillis par eux : 327 établissements contenaient de 20 à 50 enfants, 210 en contenaient de 50 à 100 ; 191 n'en contenaient que de 1 à 20. On comptait 102 établissements ayant plus de 100 mineurs. Ceux qu'on relevait alors comme en contenant le plus grand nombre étaient l'orphelinat de Saint-Nicolas à Igny (Seine-et-Oise) avec 420 enfants ; le Bon Pasteur d'Angers et l'ouvroir Sainte-Marie à Nantes, avec chacun près de 600 enfants.

L'enquête sénatoriale nous montre, dans certains cas, le but franchement et uniquement industriel de certains orphelinats avoué par les personnes qui les dirigent. Lisons ici textuellement le rapport de M. Th. Roussel.

« Un certain nombre d'orphelinats congréganistes, maisons de la Provi-
« dence ou autres, ne reçoivent pas d'enfants avant l'âge de dix ans pour
« les garder jusqu'à seize, dix-huit, vingt et un ou même au-delà ; jusqu'à
« vingt-cinq ans, comme à l'établissement Dom Bosco, de Nice ; jusqu'à la
mort comme dans les refuges et les maisons du Bon Pasteur.

« Dans les orphelinats où le sentiment de la charité chrétienne domine
« toute préoccupation de lucre, on reçoit généralement l'enfance à partir
« de six à sept ans, assez souvent à cinq ou même à quatre ans; quelquefois
« à trois ans (orphelinat Saint-Martin à Digne), ou même à deux ans comme
« à Saint-Domin (Basses-Alpes). »

D'ailleurs la tendance industrielle est facile à constater quand on étudie
avec le rapport de M. Th. Roussel, d'où viennent les ressources des orphelinats.

L'origine de ces ressources est variable et ne saurait être toujours bien
précisée. Les préfets en envoyant les documents demandés par l'enquête
sénatoriale, faisaient remarquer qu'il était impossible d'avoir le plus souvent des indications nettes en ce qui concerne les recettes et les dépenses,
et qu'il y avait là une « *réticence volontaire et calculée.* »

Un préfet disait notamment :

« Un renseignement me paraissait utile à obtenir : le chiffre de la dé-
« pense annuelle d'un enfant; j'aurais voulu connaître encore quel est le
« produit du travail des pupilles. Les détails m'ont été soigneusement ca-
« chés; ce qui m'a porté à croire que le but moral, humanitaire, qui exis-
« tait à l'origine, n'est pas le seul en réalité. En sorte que sans nier les ser-
« vices rendus à la société par ces établissements, on est fondé à craindre
« que la plupart ne soient surtout que *des entreprises commerciales fondées*
« *sur l'exploitation de l'enfant.* »

Beaucoup d'autres appréciations qui se rencontraient dans les rapports
des préfets étaient si sévères que l'honorable sénateur rapporteur n'a pas
cru devoir les reproduire. Ce n'étaient peut-être pas les appréciations les
moins justes. En tous cas il y a là une situation des plus regrettables et
chaque ligne pour ainsi dire du rapport si important de M. Th. Roussel
met en pleine lumière la nécessité d'un contrôle sérieux et régulier.

D'une façon générale, et avec les renseignements incomplets qu'on pos-
sède, on peut dire qu'un petit nombre d'orphelinats couvrent leurs dépenses avec le produit réel des fondations, rentes sur l'État ou revenus de
propriétés foncières qui ont constitué leur base originelle.

Le produit des dons et legs avec ou sans charges testamentaires fournit
un contingent d'une importance variable à un grand nombre d'autres
orphelinats.

Les subventions de l'État distribuées annuellement par le ministre de
l'intérieur, sur les fonds de secours aux établissements et institutions de
bienfaisance, celles qui proviennent du ministère de l'instruction publique,

de la guerre, de la marine, de l'agriculture, ne donnent qu'un supplément de ressources secondaires.

Les subventions départementales ou communales sont aussi peu importantes en général, à moins qu'il s'agisse d'orphelinats départementaux (Drôme, Eure-et-Loir, Isère, Seine-Inférieure, etc.) ou d'orphelinats municipaux (Belfort, Épinal, Angers, Saint-Étienne, etc.).

· Les cotisations des membres fondateurs ou adhérents de ces œuvres sont souvent la partie la plus importante des ressources sur lesquelles elles peuvent compter.

Une autre ressource provient du paiement du prix de pension par des parents, des protecteurs, des bienfaiteurs.

Parmi les ressources diverses il en est une que l'éminent rapporteur de l'enquête sénatoriale voyait avec surprise prendre une grande importance par le chiffre des produits et qui consiste dans la rétribution payée pour l'assistance des enfants aux pompes funèbres. « Dans plusieurs de nos « grandes villes, dit en effet M. Th. Roussel, particulièrement dans les dé- « partements du Midi, les orphelinats de la Providence, de la Miséricorde, « des Sœurs de la Présentation, etc, ne manquent pas après chaque décès « qui survient dans les familles, riches d'envoyer tout leur jeune personnel « figurer aux funérailles, aux messes de neuvaine, quarantaine et bout « de l'an. Le produit de cet emploi singulier des pupilles de la chari- « té représente dans certains budgets le cinquième ou le sixième de « la recette totale de l'année. Dans une petite ville telle qu'Aubenas « (Ardèche) l'orphelinat des filles de la Providence a retiré, en 1880, « de l'assistance aux pompes funèbres des 32 filles recueillies dans cet « établissement la somme de 1.104 francs sur un total de 8.167 francs que « présente son budget des recettes. A l'orphelinat Sainte-Marthe, de Grasse, « on voit en 1880 pour un total de recettes de 8.500 francs l'assistance aux « convois et pompes funèbres figurer pour 1.500 francs, le travail de 52 filles « ne figure que pour 1.000 francs. Dans certaines localités, à Auxerre par « exemple, le produit de l'assistance aux convois funèbres est augmenté de « l'assistance aux mariages. »

L'inspection générale a signalé à diverses reprises cet abus qu'on fait du temps des orphelines et orphelins en faveur de la vanité des familles riches. Nous savons bien que c'est là une pratique ancienne; mais son ancienneté ne la rend ni plus juste ni plus respectable.

Enfin, « l'une des principales ressources et trop souvent, il faut le dire, « la ressource vitale de la plupart des établissements de charité dont l'exis- « tence n'a pas été solidement assise sur des dotations, est celle qui pro-

« vient du travail des enfants recueillis », dit très justement M. Th. Roussel, et il ajoute que les faits dénoncés de temps à autre dans la presse, ou même à la tribune de la Chambre des députés, déférés plus d'une fois à la justice, prouvent que ces suppositions ne sont pas gratuites.

En somme, les orphelinats, sont loin de rendre les services qu'on en pourrait attendre. Ils devraient être des Écoles professionnelles et n'être autorisés ou même tolérés qu'à cette condition. Les enfants et particulièrement les filles ne devraient en sortir que munies d'un trousseau convenable et d'un petit pécule, et aussi pourvues d'un métier qui les puisse faire vivre. Pendant l'âge scolaire, ces enfants devraient fréquenter les écoles publiques, se trouver mêlés aux enfants de leur âge, avec lesquels ils auront à vivre plus tard. Enfin, s'il n'est pas actuellement possible de réglementer ces établissements, de les surveiller, de contrôler leur organisation et leur fonctionnement d'une manière suffisamment efficace, c'est que les lois qui les concernent sont à refaire, et il faut les refaire au plus tôt. On parle beaucoup de la séquestration prétendue de certains aliénés; on ne parle pas assez de séquestrations possibles dans les refuges, dans les bons pasteurs, où des enfants, des adolescents, des filles et des femmes sont cloîtrés, séparés du monde, sans surveillance de l'autorité et où les abus sont à craindre.

Certes, il y a de bons, d'excellents orphelinats et ce sont ceux-là, qu'ils soient congréganistes ou laïques, qui ouvrent largement leur porte à tout agent délégué par l'autorité; ce sont ceux-là qui, comme nous l'avons dit déjà, n'ayant qu'à gagner en considération à être bien connus, donnent le plus volontiers le relevé de leurs recettes et de leurs dépenses. Il faut constater avec M. Roussel que dans ce nombre se trouvent la plupart des orphelinats protestants et quelques autres aussi, mais en trop petit nombre.

Ceux qui, très libéralement, donnent l'instruction, assurent l'éducation professionnelle, soit à l'intérieur, soit en envoyant leurs pupilles en apprentissage en ville pendant la journée, ceux qui reçoivent les enfants illégitimes; ceux enfin qui n'ont en vue que l'assistance large et éclairée et non la charité étroite et intolérante, ceux-là mériteraient ici une mention spéciale, si ce rapport ne devait pas s'en trouver très allongé.

Signalons pourtant ici les principaux orphelinats qui donnent l'enseignement agricole :

Ardèche : asile agricole de Vallon, établissement des Sœurs agricoles de Meysse. — *Ariège :* orphelinat protestant de Saverdun ; orphelinat de Saint-

Joseph à Lanesanet. — *Aveyron:* orphelinat agricole de Grèzes. — *Cantal:* orphelinat agricole de La Forêt, à Aurillac. — *Charente:* orphelinat agricole de Leclerc-Chauvin. — *Charente-Inférieure:* colonie agricole de Saint-Antoine-à Bois. — *Côte-d'Or:* orphelinat agricole de Beznatte. — *Côtes-du-Nord:* orphelinat agricole de Saint-Han. — *Drôme:* orphelinat départamentale et agricole. — *Eure:* orphelinat agricole de Nagel. — *Eure-et-Loir:* orphelinat agricole Bordas à Châteaudun. — *Gard:* colonie agricole à Servas. — *Gironde:* établissement agricole de Prabitey; orphelinat agricole de Saint-Louis à Villeneuve d'Ornaz; orphelinat agricole de filles à Villeneuve d'Ornaz. — *Isère:* orphelinat agricole de Notre-Dame de Vouis à Voiron. — *Haute-Loire:* orphelinat d'Arnis. — *Lot-et-Garonne:* providence agricole à Saint-Cerq. — *Maine-et-Loire:* orphelinat agricole de Pouillé. — *Meurthe-et-Moselle:* orphelinat agricole de Haroué. — *Oise:* colonie agricole du Mesnil Saint-Firmin; orphelinat agricole de Merles. — *Pyrénées (Basses):* orphelinat agricole à Pau. — *Saône-et-Loire:* orphelinat agricole de Mephir; asile agricole de Montferroux; orphelinat agricole de La Loyère. — *Seine-inférieure:* orphelinat agricole du Havre. — *Vienne:* colonie agricole de Bradières. — *Vosges:* orphelinat agricole de Charmois.

II

Mais si nous avons cru devoir, Monsieur le ministre, au début de ce rapport, reproduire un tableau sommaire de la situation des orphelinats que déjà nous avions en partie tracé ailleurs (1) nous devons nous souvenir que l'étude que votre administration nous a demandée d'une réglementation spéciale doit s'appliquer surtout aux orphelinats dépendant des hospices et bureaux de bienfaisance.

Quelle est la situation actuelle de ces orphelinats? Combien ont-ils d'enfants? Quel est leur nombre? Quel pécule leur donne-t- on à la sortie? Ces questions et quelques autres se posaient tout d'abord.

Et puis quand et par qui ces établissements ont-ils été créés?

Nous savions bien que l'origine de ces orphelinats hospitaliers est variable; qu'un certain nombre ont été régulièrement fondés et dotés, mais que beaucoup même dans les hôpitaux et hospices, ont été créés abusivement, sans qu'une fondation spéciale y obligeât, sans que des ressources spéciales aient été

---

(1) H. Napias et A. J. Martin. — Hygiène hospitalière et assistance publique — Encyclopédie d'hygiène et de médecine publiques de J. Rochard. T. V.

prévues et que les commissions administratives se sont trouvées tout à coup en présence d'un fait accompli, la personne qui dirige l'hôpital ayant successivement introduit un ou deux enfants, puis trois, puis quatre qu'on a logés dans un coin sous les combles, puis pour lesquels on réclame un beau jour un logement plus large, mieux agencé, si bien que la commission ne peut songer à jeter sur le pavé des enfants dignes de son intérêt charitable ni ne consent à les laisser logés dans le coin mal salubre où on les a entassés d'abord ; et qu'elle crée ainsi, à l'hôpital ou à l'hospice qu'elle administre, une obligation nouvelle qui n'avait pas été prévue par les fondateurs : et si bien qu'il faudra pour satisfaire à cette obligation imprévue prendre sur des fonds dont l'attribution est cependant nettement établie et qui ne devraient sous aucun prétexte être détournés de leur destination.

L'enquête que nous avons demandée et à laquelle M. le directeur de l'assistance et de l'hygiène publiques a bien voulu faire procéder est très confirmative sur ce point.

Cette enquête dont il nous faut examiner ici les résultats établis avec un soin remarquable par notre collègue M. Payelle et l'un de ses collaborateurs M. Cristofini, avait à répondre au questionnaire suivant que nous avions établi conformément à la décision de la commission.

DÉPARTEMENT

d

ORPHELINATS

Questionnaire.

1° Date de la création................................... ....

2° Par qui a-t-il été créé?...................... ....

3° De quel établissement dépend-il:

    hôpital-hospice......................... ....

    bureau de bienfaisance............... ....

4° En vertu de quelle décision a-t-il été annexé à cet établissement?........... ....

5° Combien y-a-t-il en ce moment d'enfants à l'orphelinat — Garçons. au-dessous de 13 ans. ....

    au-dessus de 13 ans.. ....

    Filles... au-dessous de 13 ans. ....

    au-dessus de 13 ans.. ....

6° Combien d'orphelins — de père et de mère.. ....

    de mère seulement.. ....

    de père seulement.. ....

7° Combien d'enfants admis comme indigents sans être orphelins?................... ....

8° A partir de quel âge les enfants sont-ils admis ?...............................

9° Où reçoivent-ils l'instruction primaire ?...............................

10° Quelle est la nature de l'enseignement professionnel ?...............................

11° A quel âge les enfants quittent-ils l'établissement ?...............................

12° Quelle partie du produit du travail est affectée à la constitution d'un pécule pour les enfants ?...............................

13° L'enfant reçoit-il un trousseau à la sortie ?...............................

14° Existe-t-il un règlement intérieur ?...............................
(Dans l'affirmative en joindre un exemplaire.)

Vu par nous, préfet du département d...............................

A ...., le 189

Les réponses à ce questionnaire ont donné lieu à un important travail fait par le bureau de M. Payelle, et qui a pu sur notre demande et avec nos conseils être résumé sur certains points, complété sur d'autres de manière à nous permettre de vous présenter ici un état statistique par département comprenant le nombre des établissements et le nombre des enfants selon leur âge et selon leur situation de famille c'est-à-dire suivant qu'ils sont orphelins de père et de mère, de père ou de mère seulement ou que ce sont des enfants de famille indigente ayant encore leurs deux parents.

Voici ce tableau :

ORPHELINATS DÉPENDANT D'HOSPICES
ou de bureaux de bienfaisance

DÉPARTEMENTS	Nombre d'établissements.	NOMBRE D'ENFANTS PRÉSENTS					NOMBRE D'ORPHELINS			Indigents non orphelins
		GARÇONS		FILLES						
		au-dessous de 13 ans.	au-dessus de 13 ans.	au-dessous de 13 ans.	au dessus de 13 ans.	TOTAL	de père et de mère.	de mère seulement.	de père seulement	
Ain............	Néant	»	»	»	»	»	».	»	»	»
Aisne..........	1	29	5	23	15	72	54	14	4	»
Allier	4	32	8	56	32	128	15	28	55	30
Alpes (Basses-) ..	Néant	»	»	»	»	»	»	»	»	»
Alpes (Hautes-)..	Néant	»	»	»	»	»	»	»	»	»
Alpes-Maritimes..	Néant	»	»	»	»	»	»	»	»	»
Ardèche.........	3	»	»	34	27	61	17	21	17	6
Ardennes........	5	56	11	59	61	187	43	72	60	12
Ariège..........	1	»	»	15	11	26	7	6	5	8
Aube...........	3	44	1	66	52	163	29	70	64	»
Aude...........	Néant	»	»	»	»	»	»	»	»	»
Aveyron.........	1	7	4	»	»	11	2	4	4	1
Bouches-du-Rhône	5	106	»	108	38	252	34	68	40	110
Calvados........	Néant	»	»	»	»	»	»	»	»	»
Cantal	Néant	»	»	»	»	»	»	»	»	»
Charente	1	»	»	44	34	78	19	36	21	2
Charente-Inf^{re}...	3	32	8	57	37	134	30	54	33	17
Cher...........	Néant	»	»	»	»	»	»	»	»	»
Corrèze.........	Néant	»	»	»	»	»	»	»	»	»
Corse...........	Néant	»	»	»	»	»	»	»	»	»
Côte-d'Or........	4	16	18	105	109	248	25	89	94	40
A reporter..	31	322	55	567	416	1.360	275	462	397	229

DÉPARTEMENTS	Nombre d'établissements.	NOMBRE D'ENFANTS PRÉSENTS					NOMBRE D'ORPHELINS			Indigents non-orphelins.
		GARÇONS		FILLES						
		au-dessous de 13 ans.	au-dessus de 13 ans.	au-dessous de 13 ans.	au-dessus de 12 ans.	TOTAL	de père et de mère.	de mère seulement.	de père seulement.	
report....	31	322	55	567	416	1.360	275	462	397	226
Côtes-du-Nord ...	6	38	2	75	63	178	49	49	36	44
Creuse	Néant	»	»	»	»	»	»	»	»	»
Dordogne........	2	12	»	28	19	59	10	23	26	»
Doubs...........	4	12	18	52	35	117	9	36	30	42
Drôme..........		»	»	18	»	18	»	2	9	7
Eure...........	3	14	2	24	5	45	16	11	17	1
Eure-et-Loir	2	28	31	36	28	123	41	42	33	7
Finistère	Néant	»	»	»	»	»	»	»	»	»
Gard............	4	34	»	39	44	117	26	39	33	19
Garonne (Haute-)	2	24	13	28	32	97	18	38	25	16
Gers	4	»	»	41	48	89	24	36	29	»
Gironde.........	3	»	»	36	22	58	12	17	19	10
Hérault	10	243	46	276	170	735	92	249	264	130
Ille-et-Vilaine.....	4	20	»	69	93	182	72	53	51	6
Indre.	Néant	»	»	»	»	»	»	»	»	»
Indre-et-Loire....	Néant	»	»	»	»	»	»	»	»	»
Isère...........	1	»	»	20	14	34	8	14	12	»
Jura...........	1	»	»	17	6	23	7	6	10	»
Landes.........	Néant	»	»	»	»	»	»	»	»	»
Loir-et-Cher	Néant	»	»	»	»	»	»	»	»	»
Loire...........	3	15	»	62	77	154	37	47	46	24
Loire (Haute-)...	Néant	»	»	»	»	»	»	»	»	»
Loire-Inférieure..	Néant	»	»	»	»	»	»	»	»	»
A reporter...	82	762	167	1.388	1.072	3.389	696	1.124	1 037	532

DÉPARTEMENTS	Nombre d'établissements.	NOMBRE D'ENFANTS PRÉSENTS					NOMBRE D'ORPHELINS			Indigents non-orphelins.
		GARÇONS		FILLES			de père et de mère.	de mère seulement.	de père seulement.	
		au-dessous de 13 ans.	au-dessus de 13 ans.	au-dessous de 13 ans.	au-dessus de 13 ans.	TOTAL				
report....	82	762	167	1.388	1.072	3.389	696	1.124	1.037	532
Loiret..........	Néant	»	»	»	»	»	»	»	»	»
Lot............	2	6	26	2	23	56	16	19	6	15
Lot-et-Garonne...	Néant	»	»	»	»	»	»	»	»	»
Lozère	4	19	1	35	18	73	22	22	10	19
Maine-et-Loire...	1	»	»	31	20	51	9	27	15	»
Manche	4	130	35	108	79	352	95	85	55	117
Marne	4	60	16	43	39	158	15	30	64	49
Marne (Haute-)..	Néant	»	»	»	»	»	»	»	»	«
Mayenne	2	30	17	30	27	104	18	35	17	34
Meurthe-et-Moselle	5	30	30	82	55	247	26	96	105	20
Meuse..........	6	»	»	69	80	149	34	51	41	23
Morbihan........	1	»	»	7	12	19	3	2	11	3
Nièvre..........	Néant	»	»	»	»	»	»	»	»	»
Nord...........	27	269	197	284	346	1.096	685	234	133	44
Oise...........	1	»	»	6	12	18	18	»	»	»
Orne...........	Néant	»	»	»	»	»	»	»	»	»
Pas-de-Calais....	9	74	24	154	129	381	167	134	51	29
Puy-de-Dôme....	5	40	10	81	87	218	43	68	56	51
Pyrénées (Basses-)	3	38	2	15	22	77	25	23	27	2
Pyrénées (Hautes-)	Néant	»	»	»	»	»	»	»	»	»
Pyrénées-Orien^les.	Néant	»	»	»	»	»	»	»	»	»
Rhin (Haut-).....	Néant	»	»	»	»	»	»	»	»	»
Rhône..........	Néant	»	»	»	»	»	»	»	»	»
À reporter.	156	1.507	525	2.335	2.021	6.388	1.872	1.950	1.628	938

DÉPARTEMENTS	Nombre d'établissements.	NOMBRE D'ENFANTS PRÉSENTS					NOMBRE D'ORPHELINS			Indigents non orphelins.
		GARÇONS		FILLES						
		au-dessous de 13 ans.	au-dessus de 13 ans.	au-dessous de 13 ans.	au-dessus de 13 ans.	TOTAL	de père et de mère.	de mère seulement.	de père seulement.	
report....	156	1.057	525	2.335	2.021	6.388	1.872	1.950	1.628	938
Saône (Haute-)...	Néant	»	»	»	»	»	»	»	»	»
Saône-et-Loire...	2	15	9	17	19	60	24	24	15	8
Sarthe..........	Néant	»	»	»	»	»	»	»	»	»
Savoie..........	1	»	»	12	5	17	6	4	7	»
Savoie (Haute-)..	4	»	»	32	39	71	18	20	26	7
Seine	1	11	»	12	»	23	3	4	10	6
Seine-Inférieure..	4	12	3	34	33	82	0	26	28	18
Seine-et-Marne...	Néant	»	»	»	»	»	»	»	»	»
Seine-et-Oise.....	6	43	»	84	57	184	49	72	51	12
Sèvres (Deux-)...	Néant	»	»	»	»	»	»	»	»	»
Somme..........	9	127	6	120	64	317	71	134	90	22
Tarn............	3	28	16	63	61	168	26	56	56	30
Tarn-et-Garonne.	4	5	»	34	32	71	7	22	22	20
Var.............	Néant	»	»	»	»	»	»	»	»	»
Vaucluse........	3	7	»	23	19	49	13	20	10	6
Vendée..........	2	»	»	25	29	54	12	16	22	4
Vienne..........	1	»	»	6	5	11	1	8	2	»
Vienne (Haute-)..	Néant	»	»	»	»	»	»	»	»	»
Vosges..........	1	»	»	32	37	69	21	12	26	10
Yonne..........	3	30	»	21	17	68	10	40	17	1
TOTAL.......	200	1.785	559	2.850	2.438	7.632	2.132	2.408	2.010	1.082

D'autre part nous avons résumé dans un tableau d'ensemble et pour toute la France les principaux éléments totalisés du questionnaire et nous donnons ici ce tableau résumé.

Orphelinats dépendant d'Hospices

DÉPARTEMENTS dans lesquels il n'existe AUCUN ORPHELINAT épendant d'hospice ou de bureau de bienfaisance.	NOMBRE TOTAL D'ORPHELINATS	ORPHELINATS dans lesquels l'instruction primaire EST DONNÉE		ORPHELINATS envoyant LES ENFANTS aux écoles.		ORPHELINATS envoyant LES ENFANTS aux écoles communales et aux écoles libres.	ORPHELINAT. ne donnant pas L'INSTRUCTION primaire.
		A TOUS les enfants	AUX FILLES seulement.	communales.	libres.		
33	200	97	14	79	7	2	1

ou de Bureaux de Bienfaisance.

ORPHELINATS ne donnant aucun pécule aux enfants.	ORPHELINATS donnant un trousseau aux enfants à leur sortie.	NOMBRE D'ENFANTS PRÉSENTS					NOMBRE D'ORPHELINS			INDIGÉNTS non orphelins.
		GARÇONS		FILLES						
		au dessous de 13 ans	au dessus de 13 ans	au dessous de 13 ans	au dessus de 13 ans	TOTAL	de père et de mère.	de mère seulement.	de père seulement.	
107	170	1785	559	2850	2438	7632	2132	2408	2010	1082

Enfin dans les volumineuses données de l'enquête nous avons recherché quelques autres chiffres de détail et nous sommes aujourd'hui en mesure de connaître, sur la situation des orphelinats annexés aux établissements hospitaliers ou aux bureaux de bienfaisance, des faits intéressants que nous allons, Monsieur le ministre, résumer ci-après.

L'enquête a révélé l'existence de 200 orphelinats annexés à des établissements de bienfaisance. Nous devons dire tout de suite que ce chiffre ne saurait être considéré comme rigoureusement exact. Divers établissements qui nous sont personnellement connus ne figurent pas sur la liste et, pour ne citer que quelques, exemples il y a à l'hospice de Montbrison, à l'hospice de Saint-Étienne et à l'hospice du Havre des orphelinats qui n'y sont pas signalés; il y a aussi beaucoup d'orphelins à l'hospice de Nice et il n'en est pas question dans l'enquête. Il est à craindre que des hospices qui recueillent un certain nombre d'orphelins parce qu'ils croient de leur devoir de le faire, qui les élèvent, qui les instruisent comme au Havre et à Montbrison n'aient pas cru devoir se considérer comme visés par le questionnaire, par la raison que ces orphelinats n'ont pas une existence régulière. On comprend qu'une commission administrative d'hospice recueille un enfant orphelin ou moralement abandonné au lieu de le laisser dans la rue et qu'en ayant recueilli 8, 10, 20 elle les loge, en attendant mieux, un peu au hasard avec d'autres hospitalisés, et que désirant toujours et d'années en années donner à cette situation un caractère provisoire elle ne se considère pas comme ayant un orphelinat parce qu'elle n'a pas de fondation spéciale ni de locaux appropriés. Pourtant il n'est pas douteux que les enfants valides recueillis par les hospices ne sauraient rester en dehors d'une réglementation qu'on juge utile pour les orphelinats hospitaliers. Le mot ne fait rien à la chose et nous devons dire que, dans la pensée de la commission, tout enfant recueilli dans un hospice est dans la situation des enfants des orphelinats hospitaliers, qu'il doit recevoir comme eux l'instruction primaire et l'éducation professionnelle que nous considérons comme indispensables et sans lesquels l'assistance des enfants est illusoire et dangereuse.

D'autre part deux ou trois établissements signalés comme annexés à des bureaux de bienfaisance sont en réalité des établissements libres et c'est à ces causes que sont dues, pour une part, les différences que présente notre enquête avec celle faite en 1882 et qui comptait 210 établissements de cette nature au lieu de 200.

Sur ces 200 orphelinats, 26 sont annexés à des bureaux de bienfaisance, 174 à des hôpitaux ou hospices. Ils sont très inégalement répartis dans les départements et 30 de ces départements ont déclaré n'avoir aucun établissement de ce genre.

Le nombre total des enfants recueillis dans ces 200 établissements est de 7.632 (soit une moyenne de 38 enfants par orphelinat).

Le nombre des garçons recueillis est ici, comme cela était facile à prévoir, très inférieur à celui des filles puisqu'il y a 2.344 garçons seulement et 5.288 filles.

Sur les 2.344 garçons 1.785 ont moins de treize ans et 559 ont plus de treize ans, soit seulement 1/4 de garçons qui ont dépassé la treizième année.

Sur les 5.288 filles 2.850 ont moins de treize ans et 2.438 ont dépassé cet âge ; c'est-à-dire que le total se trouve composé de deux parties à peu près égales et ces chiffres sont, pour le dire en passant, confirmatifs de ceux que donnait M. Th. Roussel et montrent bien qu'on conserve plus volontiers et plus longtemps les filles, à cause du profit qu'on en peut tirer.

Notons en passant que sur le chiffre de 7.632 enfants que révèle l'enquête, on trouve :

2.132 orphelins de père et de mère, soit 2/7 environ du total ; — 2.408 orphelins de mère, soit aussi 2/7 environ ; — 2.010 orphelins de père soit encore environ 2/7 ; — et enfin 1.080 enfants de famille indigente soit 1/7.

Sur les 200 établissements 111 donnent l'enseignement primaire dans l'établissement savoir ; 97 aux garçons et aux filles, 14 aux filles seulement. — 79 les envoient aux écoles communales, le reste les envoient à des écoles libres.

C'est-à-dire qu'en somme 79 établissements sur 200 mettent les enfants dans la situation normale de l'enseignement primaire et comprennent qu'il est d'une charité éclairée d'élever les enfants recueillis comme orphelins avec les autres qui, plus heureux que ceux de l'hospice, ont un logis et une famille, et avec lesquels ils auront à vivre plus tard ; que c'est établir entre eux au moins l'égalité par l'instruction que d'ailleurs la loi a voulue, que c'est affirmer tout de suite les droits égaux que, devenus hommes, doivent avoir tous ces enfants ; qu'enfin instruire les enfants à l'hospice en les séparant de leurs camarades c'est accentuer au contraire la différence que le sort souvent injuste a mise entre eux et qu'il faut faire disparaître pour faire disparaître aussi, avec de vieux préjugés transmis du moyen âge, la signification qu'on donnait autrefois, qu'on donne peut-être encore aujourd'hui parfois au mot *d'enfant d'hospice* et qui était la plus sotte et la plus monstrueuse injure: l'injure faite au nom de la charité à la misère.

Une des questions posées par l'enquête que notre commission a demandée portait sur la part du produit du travail qui est attribuée aux enfants pour la constitution d'un pécule. Une autre question avait pour but de savoir si, à leur sortie, les enfants étaient pourvus d'un trousseau.

Il résulte de l'enquête que sur 200 orphelinats annexés à des établissements charitables, 107 ne donnent aucun pécule à leurs enfants et que 30 ne donnent aucun trousseau. Il y a donc seulement 93 établissements qui donnent une part du produit du travail aux enfants et 170 qui s'occupent de leur préparer au moins un petit trousseau. Ces chiffres donnent une idée assez fâcheuse de l'assistance de l'enfance telle qu'on la pratique dans ces établissements, pourtant ils sont plutôt optimistes; car bien souvent le pécule est insignifiant, donné seulement si l'enfant reste à l'établissement jusqu'à la fin de la durée prévue de son séjour, et cent fois des raisons de conduite indisciplinée ou de travail irrégulier nous ont été alléguées pour supprimer tout pécule. Quant au trousseau, en l'absence d'un règlement formel, il n'est pas toujours très satisfaisant dans les cas où il est donné et parfois il entre en compte dans le pécule dont il n'est pas le complément mais qui se trouve diminué de la valeur du trousseau.

En somme, d'après l'enquête et dans le cas où une partie du produit du travail est allouée aux enfants, c'est le plus ordinairement 1/3; exceptionnellement la 1/2 (hospice de Granvilliers) ou la totalité (Hazebrouck, Boulogne sur mer) mais souvent aussi c'est moins du tiers, c'est 1/4, 1/5, 1/9 et même 1/20 (bureau de bienfaisance d'Avallon).

Parfois on attribue aux enfants une somme fixe, soit 100 francs par an ou 200 francs à la sortie, ou seulement 5 francs par an (hospices d'Amiens).

Il y a comme on voit et sauf de trop rares exceptions, une grande variété dans les moyens employés par les établissements pour rentrer dans les dépenses d'assistance qu'ils font pour les enfants en s'attribuant la plus grande part possible du produit de leur travail. Il n'est même pas certain que ce produit soit toujours bien connu des administrations hospitalières et si les enfants sont en quelque sorte frustrés, ces commissions ne le sont peut-être pas moins; l'hypothèse est admissible en tous cas en l'absence dans beaucoup d'établissements d'une comptabilité spéciale. Il se fait là de petites comptabilités occultes, on touche directement à l'orphelinat le prix du travail, on achète directement aussi les fournitures, les matières premières, etc., il s'établit ainsi des compensations entre les mains de la personne qui conduit l'orphelinat et ni l'économe ni le receveur n'interviennent ainsi qu'il serait de droit; et le receveur reçoit seulement à la fin de l'année et sans justifications suffisantes une somme quelconque qui représente le produit du travail. Souvent on garde sur cette somme ce qui sera remis aux orphelins, soit plus, soit moins au gré de la personne qui dirige l'orphelinat et la commission administrative borne dans tout cela son rôle à une aveugle confiance et au complet oubli de sa responsabilité morale. — Il serait juste, — et il est indispensable que cela devienne une règle inviolable, — que dans tous les établissements hospitaliers ou charitables qui ont des orphelinats, la comptabilité du travail soit tout entière entre les mains des économes et receveurs et sous la stricte surveillance de la commission administrative comme cela se fait dans les établissements bien tenus par des administrateurs conscients de leur devoir. Le pécule devrait être obligatoire et le produit du travail attribué à chaque enfant devrait être placé à la caisse d'épargne au moyen d'un livret à son nom qui resterait dans la caisse du receveur comme le livret de l'enfant assisté. Laisser à des personnes sans responsabilité l'argent des enfants est plus qu'une erreur de la part des administrateurs; et quelque confiance qu'ils puissent avoir en la probité des personnes qui tiennent leurs orphelinats il leur appartient de veiller à ce que cet argent soit bien placé *au nom de l'enfant* et non employé à acheter des *valeurs étrangères au porteur* comme cela a été constaté par l'inspection générale dans un orphelinat hospitalier d'une de nos plus grandes villes.

Ce que nous disons des orphelinats hospitaliers s'appliquerait *a fortiori* aux orphelinats libres et nous aurions à y constater bien d'autres abus déjà signalés par le rapport de M. Th. Roussel.

III

Mais, même en s'attachant à constituer pour ces enfants un petit pécule et un trousseau pour le jour de leur sortie, les orphelinats tels qu'ils sont si souvent constitués dans nos établissements charitables et tels que fonctionnent surtout la plupart des orphelinats libres; les orphelinats qui empruntent les plus importantes ressources nécessaires à leur fonctionnement au produit du travail de leurs assistés, sont-ils des établissements d'assistance sage et prévoyante? Ne font-ils pas, alors même qu'ils sont les mieux intentionnés, les plus sûrement désintéressés, une œuvre inutile et souvent mauvaise? Est-ce sous la forme qu'ils lui ont donnée qu'il faut envisager l'assistance de l'enfance?

Nous avons pensé, Monsieur le ministre, qu'il convenait d'examiner ici la question puisque les modifications que l'avenir doit souhaiter voir apporter à ce vieux mode d'assistance des enfants sont de nature à modifier profondément les idées sur les règlements des orphelinats. Faire travailler les enfants des orphelinats (et c'est surtout des filles dont nous parlons ici) en vue d'en tirer un profit est un mode d'assistance qui nous paraît peu recommandable.

Dans un rapport adressé à l'un de vos prédécesseurs, Monsieur le ministre, Monsieur le directeur de l'assistance et de l'hygiène publiques disait en parlant des orphelinats privés : « les uns sont des institutions de bien-faisance où l'entretien de chaque enfant impose finalement à l'œuvre une charge, où l'instruction primaire et professionnelle est utilement donnée, où le bien-être est suffisant, où le travail est organisé en vue de l'intérêt de l'enfant;...... les autres n'ont de la charité que l'étiquette. Dans ces derniers l'instruction est à peu près nulle, le régime matériel défectueux, le travail indûment prolongé et *spécialisé à outrance* de manière à ce que l'apparente bonne action soit une bonne affaire ».

C'est en effet grâce à la spécialisation à outrance que l'affaire est bonne et rémunératrice. Il y a, dans ce genre, des exemples bien curieux et certains orphelinats fondés dans des établissements industriels par des patrons ingénieux qui installent dans leur usine ou leur manufacture quelques religieuses, et y créent charitablement un orphelinat, occupent des jeunes filles à un travail mécanique qui ne leur apprend rien, leur faisant espérer que plus tard, après vingt et un ans, elles resteront à l'établissement comme ouvrières rétribuées, condition qui se réalise rarement et que l'industriel n'a aucun intérêt à réaliser puisqu'elle le conduirait à remplacer par des ouvrières payées des ouvrières à peu près gratuites.

Mais même en laissant de côté ces faits exceptionnels, même dans le cas des orphelinats qui ont été fondés dans un but charitable réel, mais avec des ressources insuffisantes, le travail devenu tout de suite une nécessité vitale se spécialise et cesse d'être pour l'orpheline un enseignement utile.

On sait que c'est grâce à cette spécialisation dans les orphelinats que la plupart des articles de lingerie peuvent être vendus dans les grands magasins à des prix très bas et suffisamment rémunérateurs pour qu'il s'y fasse, dit-on, de grosses fortunes.

Or voici la conséquence de cette situation : les filles des orphelinats d'une ville quelconque X... font de la lingerie, de la couture, pour les grands magasins; elles font aussi les robes, les broderies, les dentelles; leur clientèle est nombreuse et choisie : il est de bon ton à X... de se fournir à l'orphelinat : on paie moins cher et on a cette satisfaction de faire une bonne action et de faire vivre une bonne œuvre. On ne se dit pas que les filles des orphelinats sont assez mal nourries, souvent mal couchées, qu'elles sortent de là sans métier valable, si bien que les dames de X... n'en veulent pas, la plupart du temps, comme femmes de chambre quand elles sont sorties et qu'elles tournent mal comme chacun sait et que pendant que ces pauvres filles travaillent ainsi, du matin au soir, sans salaire, sans espoir souvent d'un pécule de sortie, spécialisées au point de ne pouvoir gagner leur pain, elles font la besogne que pourraient faire, que devraient faire, à X.., beaucoup de pauvres femmes mariées, mères de famille, qui privées de ce travail et de ce salaire qui va à l'orphelinat, sont à la charge du bureau de bienfaisance; si bien que les orphelinats de X... mettent sur le pavé des pauvresses, qui sont vouées à ne trouver aucun travail puisque les filles qui leur succèdent à l'orphelinat continuent à faire tout le travail demandé, et qu'elles n'ont plus guère d'autre ressource que la mauvaise conduite qui augmentera le chiffre des enfants assistés du département, et le bureau de bienfaisance comme les autres femmes que l'orphelinat prive de travail.

Si on dit que ce tableau est poussé au noir il ne nous semble pas possible d'en nier le dessin fidèle et de ne pas convenir que par leur fonctionnement actuel certains orphelinats sont proprement des *fabriques de pauvres*.

D'autre part, le mode actuel d'internement des orphelines est-il sans reproche au point de vue économique? Implique-t-il un usage rationnel et à l'abri de toute critique des deniers hospitaliers pour l'assistance de l'enfance? Voici, par exemple, un établissement hospitalier qui a un orphelinat de garçons et de filles qui reçoit en outre des enfants de familles indigentes non orphelins — et nous avons vu qu'il s'en trouve 1/7 dans la population totale des orphelinats charitables que l'enquête vient de recenser; — la commission administrative est sollicitée de recueillir deux enfants, un garçon et une fille, de quatre et cinq ans, appartenant à une pauvre famille de manœuvres qui ont cinq ou six enfants et un maigre salaire, insuffisant pour les élever. La commission s'émeut; elle prend deux enfants, convaincue qu'elle allège singulièrement les charges de la famille à laquelle il n'en reste que trois ou quatre. Déjà ce calcul est faux car la mère avec quatre enfants sera aussi empêchée de travailler utilement qu'avec six, blanchir quatre ou six enfants ne fait pas pour elle une grande différence, son logis ne deviendra pas plus grand ni plus salubre, elle ne pourra pas plus aller à la manufacture ou à l'usine surtout s'il n'y a pas de crèche où déposer le petit dernier. D'autre part l'hospice, pendant ce temps, en acceptant deux enfants nouveaux qui comblent un vide survenu dans ses orphelinats va dépenser pour chacun d'eux une certaine somme qu'il n'est pas possible d'évaluer à moins de 80 centimes par jour et par enfant, nourriture, vêtement, linge, blanchissage, salaire du personnel de surveillance et du personnel enseignant, fournitures scolaires, etc.... soit par an et par enfant 300 francs environ, soit pour deux enfants 600 francs.

Eh bien, si l'hospice au lieu de recueillir ces deux enfants avait donné 50 francs par mois à la pauvre famille, il l'aurait aidée à élever ses six enfants ensemble, à les envoyer à l'école jusqu'à treize ans puis en apprentissage et dès quatorze ou quinze ans il pouvait cesser tout secours. Au lieu de cela il garde les deux enfants jusqu'à treize ans, puis il rend le garçon aux parents et ne garde que la fille dont le travail jusqu'à dix-huit ou vingt et un ans lui permettra de se rembourser d'une très petite partie de l'argent qu'il a dépensé pour l'assistance incomplète qu'il a donnée à ces enfants et pour l'assistance illusoire qu'il croit avoir donnée à leur famille.

Autre exemple. C'est une veuve qui sollicite pour ses enfants; son mari était un bon ouvrier qui gagnait un salaire régulier et se conduisait bien, mais il a été longtemps malade et les économies du ménage sont parties, la misère est là et la faim : il y a trois enfants; l'hospice se charge de tous et laisse la mère vivre comme elle peut, toute seule, en faisant des ménages. Elle se console de ne voir ses enfants que rarement parce que la fille, pense-t-elle, dans cinq ou six ans aura appris la couture, qu'elle l'aidera à travailler, à élever ses jeunes frères qui renvoyés à treize ans et mis en apprentissage ne gagnent pas tout de suite. La fillette apprend ce qu'on lui montre, elle est adroite, intelligente et la mère se réjouit; le temps passe on garde la jeune fille le plus longtemps qu'on peut, la mère patiente et travaille en parlant de l'avenir qu'elle rêve puis, un jour, elle apprend qu'on lui a pris sa fille qui est partie dans un noviciat. Elle est majeure et libre; elle entre en religion, que dire? Rien, que faire? Pleurer.

Nous ne prenons pas ces exemples au hasard ce sont des faits vrais et constatés et, très souvent en effet, les orphelinats et non seulement les orphelinats libres mais même ceux des hospices et des bureaux de bienfaisance sont les pépinières où se recrutent les congrégations d'hommes ou de femmes sans que les parents, qui ne voient que rarement leurs enfants; qui, souvent, n'ont plus une seule fois le droit à les faire sortir, aient ni le moyen ni l'occasion d'user de leurs conseils pour les détourner d'une résolution. qui les enlève à leurs familles et pour lutter contre les influences qui pèsent. sans contrepoids, sur l'esprit de ces enfants et qui les pousse à renoncer à un monde qu'ils ne connaissent pas.

Ces faits, qui sont assez fréquents, montrent d'abord que les enfants ne doivent pas, par leur admission dans un orphelinat être entièrement soustraits à l'influence de la famille quand celle-ci est honorable; ils sont un argument en faveur de l'instruction primaire donnée dans les écoles communales; enfin, alors même que la fin de l'éducation dans ces établissements est plus simple, moins douloureuse pour les mères, nous ne comprenons pas plus que dans l'exemple de la famille indigente que nous citions tout à l'heure, que recueillir les enfants soit toujours le meilleur moyen de les assister et d'assister leur famille. Si l'enfant est orphelin de père seulement, si la mère est de bonne conduite, un secours donné à la mère sera à la fois un moyen moins dispendieux pour les finances hospitalières et d'une valeur morale et sociale bien supérieure.

Les exemples ne manquent pas qui prouvent la supériorité de ce mode d'assistance; l'orphelinat de la bijouterie, celui des chemins de fer et quelques autres sont des *orphelinats externes* pour ainsi parler, des œuvres qui assistent les veuves en leur permettant de garder leurs enfants.

C'est à ces orphelinats externes que votre commission voudrait voir toujours donner la préférence; et elle souhaiterait que l'internement des enfants fut réservé à des cas spéciaux bien déterminés. — Il est évident que pour des enfants qui se trouvent dans la situation d'abandon moral. soit par suite d'infirmités de la mère qui nécessitent son admission dans un hospice, soit par suite d'un second mariage, soit pour toute autre cause, les orphelinats internes rendront encore de grands services.

D'autre part, pour les orphelines de mère qui restent seules avec leur père exposées parfois, dans la promiscuité du logement, à des dangers sur lesquels nous n'insistons pas ici, mais dont la réalité a été constatée trop souvent par les tribunaux; pour d'autres qui, respectées physiquement, se trouvent exposées au spectacle du concubinage, aux services, voire aux mauvais conseils d'une marâtre légitime ou non, l'orphelinat peut encore être une sauvegarde mais il ne doit pas devenir un cloître. Il doit être une école morale et professionnelle qui doit assurer à tous les enfants l'enseignement de l'école primaire, l'apprentissage d'un métier en les mêlant à leurs camarades le plus possible, en les isolant le moins possible de ce monde où ils vivront, en donnant aux filles les notions et les habitudes d'économie ménagère, en les préparant enfin, non à la méditation et à la prière (1) mais au travail et au mariage, c'est-à-dire à leur destinée normale.

C'est dans ces pensées que la commission a essayé, M. le ministre, de préparer un règlement des orphelinats.

---

(1) Dans certains orphelinats qui ont été fondés il y a deux siècles les fondateurs montraien déjà cette préoccupation de ne pas faire de leur fondation un inutile couvent. En 1696, une dame

IV

Pour établir un projet de règlement la commission spéciale des orphelinats a pris pour base des dispositions adoptées déjà par le conseil d'État en diverses circonstances. Ce projet de règlement a d'ailleurs pour but de fixer les principales conditions dans lesquelles un orphelinat nouveau pourra être autorisé et de guider dans leur fonctionnement ceux qui existent déjà et qui ont été créés régulièrement ou qui ont seulement une existence de fait.

Nous allons successivement, Monsieur le ministre, en indiquer et en commenter les différents articles. Mais notons d'abord que l'utilité de ces règlements ne saurait être douteuse et qu'un certain nombre d'orphelinats annexés aux établissements de bienfaisance l'ont compris et se sont donné des règles souvent imparfaites, pour bien intentionnées qu'elles soient, et que d'ailleurs c'est seulement, d'après notre enquête, 70 établissements sur 200 qui se trouvent réglementés.

ARTICLE PREMIER

L'orphelinat de.............
a pour but de recevoir (catégories d'enfants)............
Cet orphelinat est une annexe de l'hospice de..........
L'administration en est confiée à la commission administrative de ......

Cet article peut se passer de commentaires. En ce qui concerne les catégories désignées, il est complété par l'article 2.

ART. 2

Devront être exclus des catégories ci-dessus les enfants qui se trouvent dans les conditions requises pour être admis dans le service des enfants assistés en vertu, soit du décret du 19 janvier 1811, soit du titre Ier de la loi du 24 juillet 1889.

La commission a voulu bien indiquer par la rédaction de cet article sa préférence pour le mode d'assistance et de placement usité pour les enfants assistés.

« Marie Ursule Lemerchiez, femme et épouse de François de Pomare, escuier, sieur de Limare » créait à Hesdin un orphelinat pour 12 jeunes filles et deux maîtresses de la dite ville et, dit l'acte de donation, « son intention est qu'il soit particulièrement incerré que les dites douze « pauvres orphelines et deux maîtresses n'auront jamais de chapelle en leurs maisons pour y « dire la sainte messe. Et qu'elles seront toujours subjectes à la paroisse, afin que cet établis-« sement, dont la fin principale est l'éducation des pauvres orphelines, ne soit point changé en « un cloître comme il est arrivé en plusieurs endroits ».

Toutefois, plusieurs de ses membres auraient voulu qu'on indiquât comme correctif : *A moins de conditions expresses imposées par la fondation et admises par le décret d'autorisation*; mais, il a semblé, après discussion, que ce paragraphe était inutile, qu'un règlement ne pouvait songer à modifier les conditions du droit commun, et qu'il était inutile d'aller au devant d'exceptions que nous considérons comme toujours regrettables.

Il y a lieu pourtant de remarquer que des enfants du service des assistés peuvent se trouver temporairement déplacés par suite de maladies ou d'infirmités, qu'ils peuvent se trouver même pendant plusieurs années hospitalisés et non placés, soit à cause de leur débilité ou de tout autre cause qui les oblige à des soins spéciaux ; mais, en considérant en principe ce séjour à l'hospice comme toujours provisoire, rien n'empêchera les commissions administratives de faire partager à ces enfants le régime et les travaux de ses orphelins.

Art. 3

Le budget de l'hospice contient un chapitre spécial destiné au budget de l'orphelinat, dont les ressources seront exclusivement affectées à ses besoins et ne pourront, en aucun cas, être détournées au profit de l'hospice, comme aussi les ressources de l'hospice ne pourront en aucun cas être détournées au profit de l'orphelinat.

La Commission a été frappée de ce fait que la confusion la plus grande règne parfois et dans certains établissements, en ce qui touche à l'emploi des deniers provenant des fondations. La plupart du temps, quand un orphelinat a été régulièrement fondé en vertu de fondations, de legs, de donations spéciales, on n'a pas toujours proportionné le nombre des orphelins admis aux ressources dont on dispose. Une personne généreuse et charitable fait à un hospice un don ou un legs à la condition de créer un orphelinat ou simplement en vue de recueillir des orphelins ; les ressources suffiraient pour 8 ou 10 enfants et la commission successivement en admet 15 ou 20 ou plus, sans songer qu'elle ne les peut entretenir qu'en prenant sur les revenus généraux de l'hospice qui sont destinés, par d'autres fondations également respectables, soit à recueillir des vieillards, soit à soigner des malades ; et il n'est pas rare de trouver, comme conséquence, des établissements hospitaliers qui ont fait des dépenses relativement élevées pour la construction de locaux destinés aux orphelins alors que les vieillards restent confinés dans de vieux bâtiments délabrés ou que les malades, faute de place, sont confondus dans les mêmes salles, fiévreux et blessés et contagieux; alors qu'il n'existe pas de pavillons d'isolement, ni de salles d'opération convenables, ni de places prévues pour les femmes en couche.

Il faut ajouter pourtant que, dans certains hospices, les fondations anciennes pour les orphelins sont largement dotées, qu'elles ont été faites au siècle dernier avant l'organisation du service des enfants assistés, qu'elles avaient pour objet les orphelins de père et de mère qui font partie aujourd'hui de ce service, et que les fonds se trouvent ainsi détournés de leur destination première, puisqu'ils servent à des enfants de familles indigentes qui ne sont pas orphelins.

En tous cas, l'article 3 du projet de la commission met les commissions administratives en garde contre des abus dont elles gémissent parfois elles-mêmes et auxquelles elles prêtent cependant la main faute d'une disposition réglementaire précise ou d'une injonction qu'elles attendent de l'administration supérieure.

Art. 4

L'Orphelinat peut recevoir au maximum............ enfants ; ce nombre ne pourra être augmenté qu'au fur et à mesure qu'il sera justifié, devant le préfet, que les ressources et les locaux le permettent.

La commission administrative a seule qualité pour prononcer les admissions.

Cet article se justifie par la nécessité que nous avons montrée plus haut de proportionner le nombre des enfants admis aux ressources réelles ; et par la nécessité d'assurer, comme il est prévu à l'article suivant, la salubrité des locaux habités par les enfants.

Art. 5

Les locaux de tout genre affectés au service de l'orphelinat devront être absolument distincts du reste de l'établissement et sans communication directe avec lui.

Une décision du préfet, prise après avis du corps médical de l'établissement, fixe la distance à laquelle les locaux de l'orphelinat devront être situés des salles de malades.

Les locaux affectés à l'orphelinat devront remplir les conditions prévues par les lois et règlements applicables aux écoles, internats et ateliers.

Il n'est pas douteux que le voisinage direct des malades ne soit pour des enfants une condition fâcheuse. La facilité avec laquelle les enfants, qui n'ont pas été mis par une première atteinte dans les conditions de l'immunité, contractent toutes les affections contagieuses, rend ce voisinage dangereux et le fait est si connu qu'il n'y a point à y insister.

On pourrait ajouter que, dans les hospices, s'il n'y a plus de malades proprement dits il y a souvent un certain nombre d'incurables qui sont des contagieux graves, des cancéreux, des lupus, souvent confondus avec les vieillards et que là encore il est nécessaire d'éloigner les enfants.

Enfin, les vieillards, souvent déments, sont parfois dangereux pour les enfants par les impulsions séniles immorales que savent bien tous ceux qui connaissent nos hospices et pour lesquelles l'inspection générale a recueilli fréquemment le témoignage des administrateurs et des religieuses des hôpitaux.

Toutes ces raisons ont conduit la commission à exiger des locaux distincts.

Mais si chacun comprenait qu'au point de vue de la contagion surtout il y aurait un avantage à fixer une distance minima, d'autre part on comprenait aussi les difficultés qu'il y avait à exiger, à l'exemple du règlement sur la construction des écoles, (qui d'ailleurs n'est pas toujours très strictement appliqué), une distance de 100 mètres au moins ; et c'est ainsi que nous sommes arrivés à demander la décision du préfet après avis du corps médical, de manière à pouvoir juger les questions par espèces.

Art. 6

Les enfants au-dessous de treize ans recevront l'enseignement dans les écoles publiques (maternelles et primaires élémentaires). Seuls les enfants jugés anormaux par le médecin de l'établissement recevront, dans l'intérieur de l'orphelinat, un enseignement compatible avec leurs facultés.

Après ce que nous avons dit dans le cours de notre rapport des idées de la commission et de la nécessité de ne pas isoler les enfants de l'orphelinat des autres enfants du même âge, nous n'avons rien à ajouter pour justifier cet article.

Nous ferons remarquer seulement que s'il s'élevait quelque difficulté relative à des dispositions résultant de fondations anciennes elles devraient être écartées pour diverses raisons. D'abord si, il y a cent ou deux cents ans, quelque bienfaiteur a donné aux hôpitaux une somme quelconque pour élever et instruire les enfants pauvres, c'était à une époque où l'instruction primaire était peu répandue ; la donner était une charité d'un genre spécial, c'était *l'assistance par l'instruction* ; mais ces conditions des donations anciennes n'ont plus de raison d'être aujourd'hui que l'instruction primaire est donnée obligatoirement à tous, qu'elle est pour l'enfant un droit et non un don bienfaisant. La cause déterminante a cessé d'exister mais la donation subsiste et elle peut être utilement et légitimement employée à favoriser l'instruction professionnelle des enfants. Lui vouloir continuer son caractère d'instruction primaire est inadmissible, certaines de ces fondations demandent seulement qu'on apprenne à *lire* aux enfants. Doit-on borner là leurs connaissances au mépris de la loi ? Ces donations ont quelqu'analogie avec celles qui ont été faites autrefois à plusieurs établissements pour *le rachat des captifs* ; la cause qui les avait provoquées a disparu, car il n'y a plus de captifs à racheter, mais la donation doit recevoir un autre emploi bienfaisant et on ne saurait prétendre que la volonté du donateur s'en trouve violée.

D'ailleurs il faut ajouter que les donations faites aux hospices en vue de créer des écoles sont la plupart du temps de très médiocre importance et que ces écoles, quand elles existent, ne vivent qu'au moyen des revenus généraux de l'hospice c'est-à-dire, en fait, au détriment des malades ou des vieillards.

La commission, à propos de ces écoles, et pour les cas où l'éloignement de l'établissement, sa situation isolée, ou toute autre cause, obligerait à faire donner l'instruction à l'établissement même et non aux écoles communales, a émis le vœu que les dispositions de la loi du 19 juillet 1889 modifiées par celles du 25 juillet 1893 et notamment l'article 13 ainsi conçu :

« Les instituteurs et institutrices exerçant dans les écoles primaires annexées aux établissements de bienfaisance et d'assistance publique fondés et entretenus par l'État, les départements et les communes, pourvu qu'ils remplissent les conditions de capacité déterminées par les lois scolaires, sont mis au nombre des instituteurs et institutrices publics. Un règlement d'administration publique déterminera les conditions dans lesquelles ces écoles seront créées, ainsi que les droits et avantages dont jouiront les maîtres et les maîtresses susvisés. »

Soient applicables aux écoles des orphelinats de tous les établissements de bienfaisance ainsi que les prescriptions du décret du 4 novembre 1894 rendu en conformité de cet article.

Art. 7

Les enfants pour être admis dans l'établissement devront être âgés de...... au moins et de .... au plus. Ils ne pourront y rester au delà de....... ans.

Outre l'instruction élméentaire dont il a été parlé à l'article précédent les enfants devront être mis, par l'enseignement complet d'une profession, en situation de gagner honnêtement leur vie quand ils quitteront l'orphelinat.

Cet article est également justifié par tout ce que nous avons dit dans le présent rapport. L'enseignement professionnel doit être obligatoire et si nou. Ajoutons qu'il doit être *complet* c'est pour bien indiquer que les enfants ne doivent pas être spécialisés à telle ou telle partie de la profession ; nous insisterons d'ailleurs plus loin sur ce point particulier à propos du règlement intérieur.

ART. 8

Une réserve de 50 p. 100 est prélevée chaque année sur le produit du travail des enfants pour leur donner, à la sortie de l'établissement, un trousseau et une somme d'argent fixée par la commission administrative.

L'excédent disponible de ce prélèvement annuel sera placé en rentes 3 0/0 avec mention sur l'inscription de l'emploi auquel il est destiné.

Cet article ne fait que reproduire une disposition insérée par le conseil d'État dans les statuts de divers orphelinats qui sollicitaient la reconnaissance d'utilité publique.

Il n'est pas douteux que par le fait de la suppression de la spécialisation excessive du travail et en bornant la durée du séjour dans les orphelinats à la durée d'un bon apprentissage les produits du travail ne pourront que diminuer. Si on ne peut ainsi constituer à ces enfants un pécule important il faut au moins s'occuper de leur donner un trousseau convenable.

Dans les orphelinats anglais, et nous parlons ici d'œuvres privées, le pécule est l'exception parceque les enfants sortent dès qu'on les peut placer· avantageusement, parceque l'orphelinat s'occupe lui-même de leur placement et les garde quelquefois sous sa protection ; leur assurant même une petite somme d'argent ou le renouvellement de leurs trousseaux si après 2 ou 3 ans les notes de leurs patrons sont satisfaisantes. Mais le trousseau de sortie est la règle ; il est formellement prévu, et sa composition arrêtée par les statuts ou règlements. Nous demanderons tout à l'heure une disposition analogue dans le règlement intérieur des orphelinats dépendant des hôpitaux, hospices et bureaux de bienfaisance.

ART. 9

Un règlement intérieur élaboré par la commission administrative et approuvé par le préfet, détermine les conditions d'administration intérieure de l'établis-

sement, les attributions du personnel de la maison, l'emploi du temps, les heures de travail, les heures de récréation, les heures de repos et le régime alimentaire. Les conditions d'hygiène et de salubrité des locaux, la composition du comité de patronage et ses attributions, la composition du trousseau de sortie, etc. en un mot toutes les dispositions de détail destinées à assurer le bon fonctionnement de l'œuvre.

Nous développerons cet article dans le chapitre suivant de notre rapport.

Art. 10

Il sera institué par la commission administrative et sous son autorité un comité de patronage qui s'occupera du placement et de l'assistance morale des enfants sortis de l'orphelinat.

Le comité de patronage est le complément indispensable de tout établissement qui reçoit des enfants abandonnés ou moralement abandonnés ou orphelins. Il ne suffit pas en effet d'instruire ces enfants, il faut songer qu'à leur sortie de l'établissement ils ne trouveront pas comme les enfants qui quittent le pensionnat où les ont placé volontairement leur famille, un foyer qui les accueille, une affection qui les console, une main qui les guide, une expérience qui les gare des dangers, un cœur qui les encourage. La société de patronage c'est la famille charitable substituée à la famille absente ou défaillante et c'est dès l'enfance qu'elle doit manifester son intérêt et qu'elle doit gagner la confiance des enfants que l'assistance recueille.

Comment ces comités de patronage doivent-ils être constitués ? — Il nous paraît qu'il y a lieu de laisser à cet égard la plus grande latitude aux commissions administratives. Plus ces comités seront nombreux et mieux cela sera ; si on pouvait arriver à donner à chacun des abandonnés une sorte de parrain et de marraine qui s'en occupe plus particulièrement, ce serait l'idéal atteint. En tout cas il pourra paraître utile que dans ces comités figurent des instituteurs et institutrices, des professeurs, l'inspecteur des enfants assistés, l'inspecteur du travail dans l'industrie, les industriels qui recevront les enfants en apprentissage, et, par dessus tout, des femmes.

Même nous y voudrions voir des enfants qui, plus heureux et fortunés, se mêleraient aux jeux des enfants déshérités ; petits riches auxquels on apprendrait à aimer les petits pauvres et à préparer pour l'avenir, par la bonté et par l'amour, la paix sociale que rêvent les hommes au milieu des luttes d'aujourd'hui, et que réaliseraient enfin leurs enfants.

V

Si l'article 9 du projet de règlement général que nous venons de développer prévoit un règlement intérieur, la Commission spéciale des orphelinats n'a pas songé un seul instant que, pour la rédaction de ce règlement intérieur elle pût fournir un modèle uniforme, ni couler dans un moule inflexible les dispositions qu'elle y voudrait voir insérer. Notons que ce règlement doit être élaboré par la commission administrative des établissements charitables auxquels les orphelinats sont annexés et qu'il doit déterminer d'abord les conditions d'administration intérieure de l'établissement et les attributions du personnel. Or, ce sont là des conditions essentiellement variables suivant les exigences des fondations, suivant le but poursuivi, suivant l'importance de la maison. Un orphelinat qui ne gardera les enfants que pendant l'âge scolaire, un autre qui les suivra dans leur apprentissage, ne pourront être administrés de la même manière, et il y aura lieu, même dans ces deux hypothèses, de tenir compte des différences qui peuvent exister entre les orphelinats de garçons et les orphelinats de filles. Les orphelinats où sera fait un apprentissage industriel ne sauraient être soumis absolument aux mêmes règles que les orphelinats agricoles; et puis il faut de toute nécessité tenir compte des habitudes locales, des conditions qui résultent du pays même où l'orphelinat est situé; et ce n'est pas seulement pour l'administration intérieure mais pour l'emploi du temps, pour les heures de travail, et pour tout ce que prévoit l'article 9, que l'unité de règlement intérieur serait peu désirable.

Pourtant il a semblé à la commission que ce qui concerne plus particulièrement l'emploi du temps, les heures et la durée du travail, les récréations, le régime alimentaire, la salubrité des locaux, la composition du trousseau de sortie, les fonctions du comité de patronage et beaucoup de petits détails qui pourront et devront être fixés par les règlements intérieurs, il était possible de donner des indications dont les commissions administratives auraient à s'inspirer dans le règlement intérieur qu'elles auraient à élaborer en exécution de l'article 9 du règlement général.

Nous allons donc successivement, sur les points principaux que nous voudrions voir viser par le règlement intérieur, donner l'avis de la commission.

Locaux. — L'article 5 du règlement général a fixé deux points: 1° la séparation aussi complète que possible des locaux de l'orphelinat et des autres locaux hospitaliers; 2° Il a de plus indiqué que les locaux devront remplir toutes les conditions prévues par les lois et règlements applicables

44

aux écoles, internats et ateliers. Nous ne reviendrons pas sur les raisons que nous avons données comme justificatives de cet article, mais nous allons compléter nos exigences, qui ont pour but unique la santé des assistés, en disant que le règlement intérieur devrait disposer notamment que : *Tous les locaux seront tenus dans un état constant de propreté. — Le nettoyage du sol ne sera pas fait à sec par le balayage mais par une sorte d'essuyage sec ou humide selon les cas et selon la nature du sol. — Chaque année les murs seront lessivés ou blanchis ou repeints. — Chaque semaine les planchers, parquets on carrelages seront lavés à grande eau. — Les locaux de jour et de nuit auront toujours un cubage suffisant et une aération convenable. — Les murs seront lisses, et selon les cas peints à l'huile à base de zinc en ton clair, ou simplement passés à la chaux. — Le sol sera selon les cas parqueté ou carrelé. — Les fenêtres des locaux occupés par les enfants seront toujours ouvertes quand ils n'y séjourneront pas.*

Ces indications sommaires relatives aux locaux, qui s'appliquent à tous d'une façon générale, et que nous indiquons ici sans préjudice de ce que nous dirons plus loin de quelques locaux en particulier, tels que dortoirs, réfectoires, etc..., demandent à être sommairement commentées.

En ce qui concerne la propreté des locaux la prescription se passe de commentaires et cette propreté minutieuse peut être obtenue avec le concours des enfants qui doivent être habitués à aérer leurs lits le matin pendant qu'ils font leurs ablutions, puis à faire eux-même leurs lits et, à tour de rôle, être employés au balayage et aux menus soins du ménage. Cela doit faire partie intégrante de leur éducation et il n'est jamais trop tôt pour leur donner l'habitude et le besoin de la propreté personnelle, de la propreté et de la salubrité de leur logement, d'autant plus que ce n'est pas la plupart du temps un besoin inné et que, par une sorte d'atavisme, ils apportent plutôt dans leurs habitudes à cet égard le souvenir et comme la prolongation d'habitudes déplorables et très anciennes que nous retrouvons trop souvent dans la maison de l'habitant des campagnes et aussi de l'ouvrier des villes.

Si nous avons demandé que le nettoyage du sol ne soit pas fait à sec par le balayage c'est que nous entendons signaler le danger de ce mode trop usité de faire la propreté en soulevant la poussière, en la mêlant à l'air respiré avec tout ce qu'elle peut contenir de débris organiques fermentescibles ou putrides, de crachats desséchés riches en bacilles; mais il va de soi qu'on ne saurait imposer absolument et dans tous les cas l'essuyage avec un linge humide qui, excellent pour les réfectoires, les classes, les locaux de jour peut, dans les dortoirs cirés, par exemple, être remplacé par un essuyage à sec avec un balai enveloppé d'un linge de laine. Nous pensons en tous cas que ces détails ne sont pas indifférents et pour le dire ici, une fois pour toutes, qu'il n'est pas acceptable à notre époque de faire de l'assistance sans hygiène, de donner aux malheureux qu'on recueille un gîte quelconque sous le prétexte consolant qu'ils sont encore mieux que dans la rue; et qu'il est d'une charité singulière de les arracher aux dangers du rhumatisme ou de la bronchite qui les attend dans leur vie vagabonde au grand air, pour leur faire contracter dans les locaux insalubres et encombrés la phtisie pulmonaire; qu'il ne sert de rien enfin de les empêcher de mourir dans la rue, pour leur assurer la mort sous un toit.

C'est de cette idée que s'inspirent les règlements applicables aux écoles et aux internats, et c'est aux mêmes précautions qu'ont droit les enfants malheureux recueillis par les hospices ou les bureaux de bienfaisance.

Selon la nature des revêtements nous demandons qu'une fois par an les murs soient lessivés ou blanchis ou repeints, et que chaque semaine un lavage à grande eau soit fait des planchers et carrelages. Il va de soi que dans les dortoirs cirés cela n'est pas praticable, mais on peut y faire un balayage en semant d'abord sur le parquet une petite quantité de sciure de bois légèrement humide et phéniquée qui permet le balayage sans poussière et après lequel la cire à l'essence de térébenthine et le frottage assureront des conditions satisfaisantes de propreté et d'antiseptie.

Pour le cube d'air on s'inspirera dans les classes ou ouvroirs des règlements scolaires, et dans les ateliers des règlements spéciaux et particulièrement du décret du 10 juin 1894.

Les murs doivent être lisses. Le badigeonnage à la chaux, facile à renouveler sera utilement employé dans beaucoup de cas, la peinture à l'huile soigneusement faite à 3 couches et vernie permet le lavage et est également recommandable, mais on devra toûjours éviter la peinture à la colle.

Pour le sol il ne saurait être prescrit exclusivement soit le parquetage ou le simple plancher, ou le bitume, ou le carrelage, ou la mosaïque de marbre à bain de ciment. Les conditions de la construction dans les différents pays, les conditions du climat lui-même peuvent et doivent entrer en ligne dans le choix de l'architecte.

Enfin nous avons tenu à dire que les fenêtres de tous les locaux occupés par les enfants doivent être toujours largement ouvertes pendant qu'ils n'y séjournent pas parcequ'il n'est pas de meilleur moyen d'assainissement si surtout on n'hésite pas à laisser pénétrer aussi la lumière et le soleil, contre lesquels on se défend trop souvent dans les établissements hospitaliers surtout dans certaines contrées méridionales. Cette aération et cette insolation des locaux, quand d'ailleurs on assure la propreté de la literie et la propreté corporelle des enfants, met les dortoirs dans des conditions de salubrité qu'on rencontre aujourd'hui trop rarement.

Dortoirs. — Au surplus, pour les dortoirs, voici les indications complémentaires que la commission a cru devoir formuler :

Les dortoirs seront spacieux et largement aérés. — Ils doivent avoir un cube total qui corresponde à 15 mètres au minimum par enfant au-dessous de 15 ans et à 20 mètres au minimum au-dessus de cet âge. Ils doivent être, autant que possible, éclairés et aérés par des fenêtres opposées ; — l'éclairage et la surveillance en seront assurés pendant la nuit. — Les lits seront en fer, à sommiers métalliques avec un matelas et les couvertures nécessaires. — Les draps seront changés tous les 15 jours.

Il est nécessaire d'ajouter que le cube d'air total devra correspondre à une surface convenable donnant au moins 5 mètres carrés par lit. Les fenêtres opposées permettent une aération très large et un courant d'air qui est indispensable à leur assainissement. Pour la nuit on pourra prévoir également l'installation de gaines évacuatrices ou tout autre moyen approprié pour l'enlèvement de l'air vicié. Les lits et sommiers métalliques sont préférables parcequ'ils ne permettent guère le développement de la vermine et qu'ils sont, en cas de maladie, d'une désinfection plus facile. Quant au changement des draps par quinzaine c'est une mesure qu'il n'est pas besoin de justifier et qui serait utilement complétée par un cardage annuel des matelas et au besoin par leur passage à l'étuve.

Réfectoires. — *Des locaux spéciaux suffisamment vastes, bien éclairés et aérés, seront réservés aux repas. — Les enfants y devront trouver des serviettes, des fourchettes et cuillers qui devront être lavées à l'eau bouillante ainsi que les assiettes et les verres.*

Cette prescription peut paraître singulière et même inutile aux personnes qui n'ont pas visité un grand nombre d'orphelinats, mais elle est absolument justifiée quand on a observé, comme presque tous les membres de la commission l'ont fait et l'ont dit, des établissements où les enfants prennent leurs repas dans la salle de travail, voire dans les dortoirs, souvent sans serviettes, quelquefois sans fourchettes. Le lavage à l'eau *bouillante* est le seul qui permette l'asepsie du matériel et qui s'oppose à des contagions possibles. On pourrait ajouter aussi, comme indication, que le sol et les parois doivent pouvoir être facilement lavés à grande eau et que les tables doivent être de pierre ou de marbre ou de bois dur et non de bois blanc qui ne peut être absolument condamné, mais qui nécessiterait un entretien plus difficile.

CLASSES. — *Les classes doivent remplir les conditions hygiéniques exigées pour toutes les classes primaires; — elles doivent être largement éclairées, de préférence par deux faces opposées avec prédominance du jour de gauche.*

Il est trop fréquent de rencontrer des classes où les tables sont disposées sur trois côtés. Cela facilite peut-être la surveillance, mais c'est une condition des plus regrettables au point de vue de l'éclairement et qui favorise singulièrement le développement de la myopie. On ne s'explique pas aisément que cette disposition ne soit pas plus souvent l'objet de la critique des inspecteurs primaires qui visitent ces classes.

ATELIERS. — Pour les ateliers, il y aurait à s'inspirer des dispositions du décret du 10 mars 1894 et c'est à ce point de vue surtout que la présence des inspecteurs et inspectrices du travail dans les comités de patronage serait nécessaire.

CHAUFFAGE. — *Le chauffage des locaux ne devra pas être fait, autant que possible, par des calorifères à air chaud. — On choisira de préférence soit les systèmes à vapeur ou à eau chaude, soit simplement les poêles en faïence ou les poêles à double enveloppe avec prise d'air extérieure et on évitera de faire passer les tuyaux au-dessus de la tête des enfants.*

Il va de soi que le système de chauffage doit varier avec l'importance de l'établissement et avec les ressources dont il dispose c'est pourquoi on indique les poêles qui peuvent être utilement employés et qui, étant moins coûteux, sont bien supérieurs aux calorifères à air chaud.

CABINETS D'AISANCES. — *Les cabinets d'aisances ne doivent jamais communiquer directement avec les classes, préaux couverts, dortoirs, ateliers, etc.— Ils seront éclairés et aérés directement, peints à l'huile en ton clair à base de zinc, munis de cuvettes à fermeture et de sièges cirés ou vernis. — Ils seront soit à effet d'eau avec siphon, soit à la terre sèche dans les pays où l'eau manque. — L'écoulement se fera directement à l'égout quand cela sera possible avec occlusion siphoïde du tuyau de chute. —S'il y a des fosses fixes elles seront étanches, bien cimentées et à distance convenable des puits s'il en existe.*

Rappelons ici, à titre de document les observations et les prescriptions que la commission d'hygiène des écoles qui siégea au ministère de l'instruction publique en 1882 avait formulées :

« La question des cabinets d'aisances disait le rapport de la 1re section de cette commission (1) a une importance considérable non seulement sur la salubrité des bâtiments et de l'atmosphère scolaires, mais sur les habitudes matérielles et morales de l'écolier. — La salubrité de l'école exige que l'on tienne le plus grand compte de la disposition des fosses quand il en existe, du mode d'exécution dans tous les cas ; — la propreté des cabinets, la disposition des sièges, les habitudes de propreté, sont des détails intéressants pour l'hygiéniste, au point de vue de l'éducation physique. La première sous-commission n'a pas manqué d'apporter à cette étude une attention sérieuse. — En discutant l'article 24 de l'instruction pour la construction des écoles maternelles, elle est arrivée à une rédaction peut-être un peu compliquée, mais qui a l'avantage d'être précise, de distinguer les écoles des villes des écoles de la campagne, et qui peut s'appliquer également aux écoles maternelles et aux écoles primaires. »

ART. 24. — 1° Dans les villes. *Toutes les fois qu'il existera un système de canalisation permettant l'évacuation immédiate des vidanges, la projection dans cette canalisation se fera immédiatement. On prendra toutes précautions pour assurer l'isolement (siphon, obturateur, etc.).*

Quand ces conditions ns seront pas remplies les fosses mobiles seront préférées aux fosses fixes.

Les fosses fixes seront de petite dimension, sans toutefois avoir moins de 2 mètres de long, de large et de haut. Elles seront voûtées, construites en matériaux imperméables et enduites en ciment. Elles seront étanches et le fond sera disposé en forme de cuvette, les angles seront arrondis sur un rayon de 25 centimètres. Elles seront établies loin des puits.

2° A la campagne. — *Les fosses fixes devraient être installées dans les mêmes conditions que ci-dessus.*

Dans le cas où l'on emploierait les fosses mobiles ou le système des EARTH-CLOSETS, *l'accès des appareils devrait être assez facile pour permettre un enlèvement fréquent et rapide des matières.*

---

(1) Cette section était composée de MM. Dr Bourceret, Creutzer, Cuissart, Dr Gario Dr Javal, Gréard, Ch. Girard, Lenient, Marié-Davy, Morel, Riant, E. Trélat, MMes Marchet-Girard, Toussaint, Ferrant, M. Godard, président, M. H. Napias, secrétaire.

Toute école sera munie de privés; dans les villes ils seront comptés à raison de deux cabinets par classe dans les écoles de garçons, et de trois cabinets par classe dans les écoles de filles.

Les sièges en pierre, ciment ou fonte, devront être interdits. Ces sièges doivent être en bois verni ou ciré et uniquement constitués par un anneau de 5 à 6 centimètres de largeur appliqué immédiatement au bord supérieur de la cuvette. La forme générale de ce siège sera ovale; ses dimensions seront, y compris la largeur de l'anneau, de 40 centimètres de long sur 33 de large. La hauteur du siège sera de 30 centimètres au-dessus du sol. Entre le siège et le mur de fond il sera ménagé un espace libre de 20 centimètres. La cuvette aura une paroi postérieure verticale; elle sera munie d'un appareil obturateur ou d'un siphon toutes les fois qu'on aura l'eau à sa disposition.

EAU. — *L'eau mise à la disposition des élèves pour la boisson ou pour les soins de propreté sera de l'eau de source irréprochable ou, dans le cas contraire, toujours filtrée ou bouillie.*

Il n'y a pas à insister sur la nécessité d'avoir de l'eau irréprochable, c'est là une prescription quasi banale, une sorte de truisme hygiénique depuis les travaux du Dr Brouardel et les études qui ont formé la doctrine du Comité consultatif d'hygiène.

RÉGIME ALIMENTAIRE — *Le régime alimentaire sera fixé par le règlement intérieur; — les quantités allouées seront fixées suivant l'âge des enfants, par la commission administrative, sur l'avis du corps médical de l'établissement. — Ce régime devra fixer aussi la nature et la quantité de la boisson; — une feuille du régime journalier sera chaque jour affichée dans la cuisine et, au commencement de chaque semaine, le menu du régime devra être soumis au visa du médecin qui pourra toujours prescrire aux enfants débiles ou malades un régime spécial.*

Pour le régime alimentaire on s'inspirera utilement de ce qui est prescrit dans les écoles primaires supérieures internes, dans les collèges et lycées (soit au minimum environ 80 grammes de viande après préparation ou 100 grammes comme à l'école normale de Saint-Cloud). D'ailleurs il va de soi que dans la constitution de ce régime il y a lieu de tenir grand compte des habitudes locales.

Nous donnons ici, comme un exemple le régime alimentaire de l'école d'Yzeure.

DIVISION DE LA JOURNÉE	NATURE DES DENRÉES	QUANTITÉS ALLOUÉES		OBSERVATIONS
		AVANT préparation.	APRÈS préparation.	
POUR LA JOURNÉE	1° Pain (à discrétion).	»	600 gr.	
	2° Vin.	»	A 15 ctl.	
REPAS DU MATIN	Soupe maigre.	»	40 —	
REPAS DE MIDI	1° Soupe grasse ou maigre.	»	50 —	
	2° Viande de boucherie ou de porc frais.	250 gr.	B 125 gr.	
	3° Légumes frais,	200 —		
	ou légumes de saison,	200 —		
	ou pommes de terre,	200 —		
	ou légumes secs,	100 —		
	ou macaroni,	40 —		
	ou riz.	40 —		
REPAS DU SOIR	1° Soupe maigre.	»	50 gr.	
	2° Légumes frais,	500 —		
	ou légumes de saison,	500 —		
	ou pommes de terre,	500 —		
	ou légumes secs,	200 —		
	ou macaroni,	60 —		
	ou riz,	60 —		
	ou œufs.	2		
	3° Fromage de comté,		30 gr.	
	Fruits frais ou figues,		150 —	
	Pruneaux,		90 —	
	Confitures.		60 —	

A. — La ration de vin sera additionnée de 5 centilitres d'eau.

B. — La viande de boucherie ou de porc frais sera servie par semaine, 2 fois bouillie et 3 fois rôtie. Elle sera remplacée par semaine une fois par 250 grammes de triperie et une seconde fois, soit par 175 grammes de charcuterie, soit par de la volaille ou du lapin, en ayant soin pour ces deux dernières denrées de ne pas excéder le prix de la viande remplacée, soit par 250 grammes de poisson frais ou de poisson salé.

Nous pensons qu'il est intéressant également de donner à titre de simple renseignement le régime d'un orphelinat anglais (*National Orphan Home*).

Il est évident que des estomacs français s'accoutumeraient difficilement de ce régime et de ces repas si espacés.

8 heures du matin déjeuner.
Tous les jours: café, lait, pain, graisse de rôti ou beurre.
1 heure après-midi, dîner.
Dimanche: viande froide, riz, — (viande bouillie chaude en hiver) — pudding de raisin ou de fruits confits.
Lundi: soupe, petits pâtés de pain bouilli.
Mardi: rôti de mouton avec légumes.
Mercredi: ragoût de viandes froides, riz et légumes.
Jeudi: pudding de raisin ou pudding simple aux fruits.
Vendredi: soupe, petits pâtés de pain bouilli.
Samedi: rôti de bœuf et légumes.
5 heures après-midi, thé,
Thé, lait, pain et beurre, mélasse ou confiture.

Ce n'est pas un régime très recommandable et la plupart des autres orphelinats anglais ont un régime très supérieur. Nous trouvons par exemple dans le régime du *Royal Albert Orphan Asylum:* Tous les matins du lait, du pain, de la graisse (le lait remplacé une fois par du café, une fois par du chocolat). — Au dîner tous les jours de la viande rôtie ou bouillie avec des légumes. — Au thé: thé, pain et graisse ou beurre.

Au *Princess Louise Home* il est alloué à chaque enfant par semaine :

3 livres 1/4 de viande,
2   —   1/4 de pommes de terre,
8   —   de pain,
8 onces 3/4 de beurre,
12   —   de farine,
2   —   de graisse,
1   —   3/4 de café,
1   —   de thé environ,
8   —   de sucre,
3 pintes 1/2 de lait,
soit environ 15 livres d'aliments variés par semaine.

A l'Orphelinat Bourgeois d'Amsterdam on sert aux enfants quatre repas par jour.

1° Le matin: pain et beurre avec une boisson chaude en hiver.
2° A midi; viande et légumes.
3° A 4 heures: tartines.
4° A 8 heures: pain et un plat au lait.

A l'Orphelinat Saint-Nicolas de Gand le régime alimentaire est constitué de la manière suivante :

1° 7 heures du matin: déjeuner — thé et tartines.
2° 11 heures et 1/2: dîner — potage et légumes, pain à discrétion.
Trois fois par semaine : viande (18 décagrammes par enfant). — 1/2 litre de bière tous les dimanches.
4 heures: goûter. — tartines.
7 heures et 1/2: souper — pommes de terre, ou soupe au lait, ou lait battu avec tartines. (1)

EMPLOI DU TEMPS. — *L'emploi du temps sera fixé par la Commission administrative dans le règlement intérieur, heure par heure, jour par jour, en tenant compte pour les enfants, de l'âge scolaire, des heures de classe de l'école publique où ils seront envoyés et, pour les enfants plus âgés qui recevront l'enseignement professionnel, des prescriptions de la loi et des règlements sur le travail dans l'industrie.*

Les enfants de l'âge scolaire qui apportent de l'école des devoirs à faire ne devront pas être astreints à un autre travail pendant les heures qu'ils passeront à l'orphelinat.

La commission n'a pas à justifier les premières prescriptions ci-dessus en ce qui touche à l'emploi du temps ; elles se bornent en effet à rappeler la nécessité de se soumettre à des lois et règlements existants. En ce qui concerne le dernier paragraphe elle a eu en vue de s'opposer au surmenage, estimant que les écoliers des orphelinats doivent se trouver exactement dans les mêmes conditions que les autres et n'être pas employés soit à tricoter ou à coudre ou à toute autre besogne qui ne pourrait que nuire à leur instruction primaire et à leur santé. Elle sait que dans nombre de ces établissements le travail commencé trop tôt ou, comme on dit aujourd'hui, la *prématuration* est un fait trop fréquent. Elle pense enfin qu'il serait souverainement injuste et immoral que la loi qui a fixé à treize ans et, par exception bien définie, à douze ans le commencement du travail industriel fût, sous prétexte de bienfaisance, violée dans les orphelinats.

RÉCRÉATIONS. — JEUX. — *Les récréations seront toujours surveillées par un maître ou une maîtresse. Les enfants devront y avoir la plus grande liberté ; on devra les inciter particulièrement aux jeux qui développent la force et l'adresse et mettre à leur disposition, autant que possible, les moyens de pratiquer les exercices physiques les plus variés.*

---

(1) Nous ne songeons pas à proposer ce régime comme un modèle.

La surveillance exigée ici se passe de commentaire ; mais pour le reste de la prescription ci-dessus, la commission tient à insister sur le danger de la pratique trop fréquente des *jeux tranquilles*, de promenades monotones, voire de travaux de tricot ou de couture auxquels les enfants des orphelinats sont trop souvent contraints. Il n'est pas rare de voir, dans certains orphelinats du Midi, les enfants, filles et garçons, occupés à tricoter pendant la récréation. Dans certains endroits on défend aux filles le jeu de la corde à sauter pendant l'été sous prétexte qu'elles s'y échaufferaient outre mesure et, l'hiver venu, on le défend encore sous prétexte de mauvais temps. Très souvent on ne trouve pas une corde à la disposition des enfants, ni raquettes et volants, ni balles ou ballon ; on a une regrettable tendance à considérer comme *raisonnables* ceux et celles qui se promènent à petits pas (trois à trois pour le moins). Les appareils de gymnastique manquent ou sont interdits. Si on demande curieusement à quoi les récréations sont employées et qu'on soupçonne que vous aimez à voir les enfants s'agiter au grand air, on va quelquefois chercher, à votre intention, un ballon ou une corde soigneusement enfermés dans quelque placard où ils ne risquent point de s'user.

Combien sous ce rapport sont différents les orphelinats anglais ; et les photographies instantanées mises sous les yeux de la commission montrent les enfants occupés aux exercices physiques variés, même un peu rudes parfois, qui sont en honneur en Angleterre ! — Il ne faut pas avoir vu passer par les rues un jour de promenade un orphelinat de filles pour ne pas connaître ces faces blafardes, bouffies de lymphatisme, décolorées par la chlorose, qui attestent le confinement habituel et l'alimentation peu azotée, et ces épaules étroites et voûtées sous la pèlerine dont on les affuble ; et pour ne pas comprendre la nécessité d'introduire dans les orphelinats un peu plus d'azote à l'heure du réfectoire, un peu plus d'oxygène à l'heure de la récréation et un exercice qui facilite l'entrée de cet oxygène dans une poitrine élargie par le jeu régulier des muscles.

Propreté corporelle. — *On installera auprès des dortoirs des lavabos convenables abondamment pourvus d'eau, de savon et de linge. Le matériel de toilette : serviettes, brosses, peignes, etc..., sera tout à fait individuel. Il sera aussi installé à proximité des classes et réfectoires des lavabos ou simplement des robinets permettant le lavage des mains avant les repas et avant la rentrée à la classe ou à l'atelier.*

Tout orphelinat devra avoir une organisation convenable pour les grands bains et les bains de pieds. Chaque enfant prendra un grand bain tous les quinze jours au moins et un bain de pieds au moins tous les huit jours.

Il n'est pas nécessaire d'avoir pour les lavabos des installations coûteuses, des cuvettes à système avec mode de vidange perfectionné, tuyautage compliqué, mécanisme facile à déranger. Une planche de bois dur, une plaque de pierre ou de marbre posée en console le long du mur, au besoin de simples tables de sapin souvent savonnées et, sur ces supports très simples, des cuvettes de fer émaillé (1) ou de zinc qu'on ne risque pas de casser, voilà pour le mobilier. Quelques robinets donnant de l'eau très largement, un vidoir pour les eaux sales. Tout cela peut être installé à peu de frais.

Mais ce qui est tout à fait désirable, c'est que les enfants, les filles surtout, puissent s'isoler dans quelque cabinet de toilette avec leur cuvette et procéder à des soins de propreté absolument négligés et dont l'utilité est de premier ordre au point de vue de l'hygiène.

La périodicité des grands bains, un par quinzaine, ne nécessite pas un nombre considérable de baignoires; une baignoire par 15 enfants est suffisante, soit 6 baignoires pour 100 enfants et ça serait là rester bien loin du luxe balnéaire que nous avons vu à l'orphelinat municipal d'Anvers qui avait environ 30 baignoires pour 200 enfants. Même on pourrait encore réduire le chiffre des baignoires à 4 ou 5 pour 100 enfants si on organisait un système de bains douches qui permettrait une grande affusion avec savonnage tous les huit jours et ne nécessiterait plus qu'un bain par mois.

L'apprentissage de la propreté est, semble-t-il, indispensable pour les enfants de notre pays, particulièrement dans certaines régions où la malpropreté est quasi un signe atavique. Ce n'est pas seulement le goût, c'est le besoin des soins personnels qu'il faut donner aux enfants, et tout ce qui serait fait à l'école dans ce sens profiterait à la génération qui en sortirait avec ce besoin nouveau si nécessaire. Déjà, il y a dix-huit ans, la Société de Médecine publique, aux premières séances qu'elle tenait, insistait sur l'utilité *d'apprendre* aux enfants la propreté; la commission d'hygiène des écoles, réunie au ministère de l'instruction publique en 1882, y insistait à son tour, et c'est surtout dans les établissements où l'on recueille des orphelins qu'on doit prendre toutes les mesures pour assurer cette éducation spéciale. Sur ce point, comme sur beaucoup d'autres, il faudrait que ceux qu'on désigne encore sous le nom d'enfants de l'hospice aient une supériorité réelle dont ils ont besoin pour se faire dans le monde une place honorable difficile à

---

(1) Les cuvettes en fer émaillé coûtent de 1 à 2 francs.

acquérir à cause des préjugés tenaces. La commission a désiré que son rapporteur mette en lumière cette nécessité.

Punitions. — *Aucun châtiment corporel ne peut être infligé aux enfants.*
Cela se passe de commentaires, mais les représentants du ministère de l'instruction publique ont pensé qu'il n'était pas inutile de le rappeler.

Exercices religieux. — *Les enfants ne pourront être sous aucun prétexte détournés de leurs études soit pendant la durée des classes, soit pendant la durée des exercices professionnels. Ils ne seront envoyés à l'église pour le catéchisme ou les exercices religieux qu'en dehors des heures réservées à l'étude ou au travail sauf pendant la semaine qui précède la première communion ou l'initiation.*
Ils ne devront sous aucun prétexte être employés à l'assistance aux convois et enterrements.

La première partie de cette disposition a été redigée sur la demande expresse des représentants du ministère de l'instruction publique dans la commission des orphelinats.
Pour la seconde partie ce que nous avons dit au cours de ce rapport et ce qu'avait signalé M. Th. Roussel dans son rapport au Sénat ,nous dispense de commentaires.

Enseignement professionnel. — *L'enseignement professionnel sera donné à partir de treize ans mais il ne devra pas faire oublier l'enseignement général.*
L'enseignement général continué sera donné dans les premières heures de la journée. Il portera sur les matières primaires élémentaires et pourra atteindre le niveau du cours supérieur. Il est désirable que pendant les deux premières années de l'apprentissage on réserve trois heures pour l'enseignement général et deux heures seulement à partir de la troisième année.
Quand les enfants seront envoyés en apprentissage au dehors, la commission administrative devra stipuler, autant que possible, des conditions qui permettent le retour des enfants en temps utile pour qu'une heure au moins d'enseignement général puisse leur être donné.

On pourra trouver cette disposition un peu sévère, la commission l'a adoptée sur les instances de ceux de ses membres qui représentaient le ministère de l'instruction publique ; tous d'ailleurs comprenaient la nécessité de ne pas cesser avec la fin de l'âge scolaire l'instruction générale ; la prolongation de cette instruction est une nécessité aujourd'hui admise, mais

56

Il faut évidemment distinguer, en ce qui concerne la possibilité de cet enseignement, entre les divers établissements qui recueillent des orphelins.

Sans doute, l'apprentissage au dehors est le plus recommandable comme
étant à la fois le plus pratique et le plus économique, mais il peut y avoir
des conditions spéciales imposées par les fondateurs ou résultant de circonstances locales.

On ne place pas partout aisément des enfants en apprentissage et dans
tel établissement important, pourvu d'ateliers, on pourra instituer l'apprentissage interne; dans d'autres cas les enfants seront envoyés à des
écoles professionnelles locales; ce qu'il ne faut pas perdre de vue c'est,
d'une part, que l'apprentissage doit être complet c'est-à-dire qu'il doit
comprendre tous les exercices pratiques et les connaissances théoriques
dont l'ensemble peut seul mettre l'enfant en possession d'un bon métier;
pour cela aucun enfant ne devra être spécialisé dans son travail avant
qu'il n'ait méthodiquement parcouru, dans toute son étendue, le programme
déterminé de l'apprentissage auquel il est destiné.

Et, d'autre part, ce dont il faut être assuré, c'est que l'enseignement général qui sera continué concurremment avec l'enseignement professionnel
saura prendre, surtout à partir de la seconde ou de la troisième année
d'apprentissage, une forme pratique applicable à l'exercice du métier ou
de la profession. L'arithmétique prendra alors l'allure d'un cours de
comptabilité élémentaire ; — les exercices de français consisteront en lettres
d'affaires, rédactions simples, comptes rendus, etc. ; — les notions élémentaires de physique et d'histoire naturelle deviendront la base d'un cours
d'hygiène et d'économie domestique, de connaissance des premiers soins à
donner en cas d'accident, de soins à donner aux enfants.

Il sera parfois indiqué de continuer les leçons de dessin et toujours, on
devra veiller à ce que les enfants aient une bonne écriture.

Enfin il est bien évident que dans les orphelinats agricoles indépendam-
ment du travail des champs, des cours devront être faits sur les procédés
de culture, sur la tenue de la ferme, sur les soins à donner aux animaux,
sur la comptabilité spéciale à l'exploitation; et qu'il sera nécessaire de donner un certain développement à l'étude de la culture maraîchère trop né-
gligée souvent des paysans.

Toutes ces recommandations peuvent trouver leur place dans un règlement
intérieur élaboré par la commission administrative, et nous avons pensé
qu'elles doivent être complétées par une disposition spéciale sur les soins
du ménage et sur les connaissances qui doivent faire, des filles de nos orphelinats, des ménagères habiles et des épouses économes:

Les filles devront participer à tour de rôle à la cuisine et aux soins du ménage. Un cours spécial de cuisine pratique leur sera fait pendant au moins trois mois chaque année. Elles seront, tour à tour, employées au blanchissage, au repassage, au raccommodage. L'étude de la couture devra être complétée par l'exercice de la machine à coudre et elles devront savoir toutes prendre une mesure, tailler un patron, assembler les pièces et préparer, en un mot, leur ouvrage.

Il y va de soi que les enfants prépareront elles-mêmes leur trousseau dont la composition sera fixée par le règlement (1).

La Commission a pensé aussi que le règlement tout entier et tout particulièrement l'emploi du temps, le régime alimentaire, la composition du trousseau de sortie doivent être affichés dans tous les orphelinats.

De plus, elle souhaiterait qu'un compte moral annuel fût établi par la

---

(1) Nous indiquons ici une composition du trousseau pour une jeune fille sortant d'un orphelinat étudiée par la commission avec les prix de revient.

6 chemises de jour	18 fr.	2 fichus	2 fr.
4 — de nuit	12 —	2 jupes de laine	6 —
12 mouchoirs	6 —	2 — de coton	4 —
6 paires de bas	6 —	1 manteau	15 —
2 — de souliers	20 —	1 robe de laine	15 —
6 serviettes ou essuie-mains	6 —	1 — de coton	10 —

Le total est de 114 francs mais c'est un *prix fort* et on a pu calculer que, fait par les jeunes filles elles-mêmes, le prix de revient ne dépasse guère 80 francs.

Nous donnons aussi d'après le règlement d'un orphelinat anglais (*Princess Louise Home*) la composition d'un trousseau de sortie.

12 mètres de calicot blanc pour vêtements de dessous ;
3 mètres de calicot écru ;
6 mètres de flanelle pour 2 jupons ;
7 mètres de Linsey (petite laine) pour 2 jupons de dessus ;
12 mètres d'indienne pour 2 habillements ;
7 mètres de Linsey pour un vêtement plus habillé ;

—

53 mètres en tout.

On y ajoute :

6 mouchoirs de poche ; 1 paire de gants ; 2 paires de souliers ; 3 paires de bas ; 6 cols ; 1 mouchoir de cou ; 2 bonnets ou chapeaux ; 1 parapluie ; 1 bible et livre de prières.

Composition du trousseau de sortie d'un orphelinat de garçons belge (orphelinat de Malines)

1° Quatre chemises de toile de lin ;
2° Une redingote, un pantalon, un gilet en drap noir ;
3° Trois mouchoirs de poche de couleur ;
4° Une cravate de soie noire ;
5° Deux paires de bas de couleur ;
6° Trois bonnets de nuit ;
7° Une paire de souliers neufs ;
8° Un chapeau de soie noire ;
9° Une casquette en drap noir.

La dépense pour ce trousseau est de 80 francs environ.

commission administrative des hospices et bureaux de bienfaisance qui ont des orphelinats et que, chaque année, le comité de patronage prévu par le règlement général rendît compte de ses travaux et établît la liste des enfants sortis de l'orphelinat depuis sa fondation ou tout au moins dans les dix dernières années, avec l'indication de la situation de chaque enfant depuis qu'il a quitté l'établissement.

Telles sont, Monsieur le ministre, les idées qui ont été émises au cours des études entreprises par la commission spéciale des orphelinats qu'un de vos prédécesseurs avait bien voulu constituer sur la proposition de M. le directeur de l'assistance et de l'hygiène publiques. Insérées dans un règlement modèle qu'il appartiendra au Conseil supérieur de l'assistance publique de formuler, ces idées ne peuvent manquer de passer des orphelinats des établissements publics de bienfaisance, aux établissements privés. Les progrès nécessaires et que nous demandons seront appréciés de tous ceux qui ont pour objet l'assistance réelle, sincère et éclairée. Et si tous les établissements privés réalisaient au moins le vœu que nous formons de s'adjoindre un comité de patronage, ces progrès seraient bien vite obtenus.

Nous avons dit déjà, à propos de ces comités, que nous y voudrions des médecins, des instituteurs, des femmes ; ce sont celles-là surtout que nous convions à venir y prendre place et à suivre les enfants depuis les premiers jours de leur entrée dans les établissements jusqu'aux premières années de leur rentrée dans la vie. Elles ont pour l'éducation de l'enfance une influence que rien ne saurait remplacer et, soit qu'il s'agisse de la surveillance des petits ou, plus tard, des conseils et de l'appui moral dont ont besoin les filles qui se trouvent aux prises avec les duretés et les dangers de la lutte pour l'existence, leur bonté, leur délicatesse, leur grâce même sont des trésors dont l'assistance a autant besoin que de leur ingéniosité à créer et à accroître les ressources pécuniaires qui lui sont nécessaires ; et nous terminons par cette déclaration que, si zélée qu'elle se manifeste, si éclairée qu'elle soit, si prévoyante qu'elle se croie, nous ne comprenons pas l'assistance de l'enfance sans la femme.